김 구 하

꽁꽁 얼어붙은 한강 위로
고양이가 걸어갑니다

김주하 앵커가 단단한 목소리로 전하는 위로

꽁꽁 얼어붙은 한강 위로 고양이가 걸어갑니다

김 주하

매일경제신문사

추천의 글

인생의 참고서

김주하.

세상에서 가장 똑똑하고, 가장 아름다운 사람의 이름이다. 아름다운 건 인정한다. 하지만 똑똑한 건….

김주하와 나는 1997년 MBC 입사 동기다. 김주하는 나보다 한 살 동생이며, 나에게 '표준어로 말하기'를 가르치는 선생님이었다. 이런 인연으로 28년째 만남을 이어오고 있다. 이 글을 쓰는 시점으로 어제, 배우 손현주 형과 셋이 만나 점심을 먹었다. 점심을 먹으며 이런저런 대화를 나누다 느낀 점은 이제 김주하가 똑똑해졌다는 것이다. 그 전의 김주하는 바보였다.

김주하는 뉴스에는 천재지만 자기 인생에는 바보였다. 세상을, 특히 사람을 너무 쉽게 믿었다. 난 김주하의 결혼식과 첫째 준서 돌잔치, 둘째 준이 돌잔치(심지어 이때는 내가 사회자였다), 그리고 이혼할 때에도 항상 옆에 있었다. 누구보다 많은 이야기를 들었고 누구보다 아픈 그녀의 고통을 지켜봤다. 김주하는 공부하기에 바빴고 뉴스하기에 더 바빴다. 세상을 배울 시간이 부족했다. 그리고 가르쳐주는 사람이 없었다. 일에는 승승장구하며 대한민국 최고의 앵커가 됐다. 하지만 아무것도 모르고 시작한 삶에는 고통의 연속이었다. 김주하는 본인이 노력해서 이화여대에 들어갔고 본인이 노력해서 MBC에 입사했지만 인생은 본인의 노력으로 안 된다는 것을 살아보며 배웠다. 정말 치열하게 배웠고 혹독하게 배웠다. 28년을 옆에서 지켜본 내가 장담할 수 있다.

이 책은 그렇게 배운 김주하가 쓰는 인생의 참고서다. 이 책은 세상의 바보일지도 모르는 사람들에게 던지는 김주하의 사랑이다. 자기가 겪은 고통을 절대 되풀이하지 말라고 우리에게 주는 처방전이다. 어느 나라도 교육과정에 이런 아픔을 예방하고 극복하는 법은 없다. 김주하의 책을 읽어야 하는 이유다. 특히 스스로 똑똑하다고 생각하는 사람들은 이 책을 반드시 읽어보기 바란다.

고명환
작가

추천의 글

어둠 속에서 별을 빛는 그릇

우리는 종종 한 사람을 평가할 때, 그가 얼마나 성공했는지를 기준으로 삼습니다. 그러나 진짜 이야기는 언제나 그 이면에 있습니다. 김주하 앵커의 이름 뒤에는 반짝이는 커리어만큼이나 고요하고도 단단한 내면의 시간이 존재합니다. 이 책은 그 보이지 않았던 시간을 진솔하게, 세심하게 들려줍니다.

뉴스의 세계는 언제나 빠르고 냉정합니다. 치열한 프로 김주하 앵커는 세상 이야기, 타인의 이야기를 전하던 언론인으로서, 이번엔 자신의 이야기 속으로 천천히 걸어 들어갑니다. 우리는 그 여정 속에서 한 인간이 자신을 잃지 않기 위해 얼마나 오래 인내하고, 버티고, 또 얼마나 깊이 성찰했는지를 보게 됩니다. 그것은 삶의 무게를 감당해 본 사람이라면 누구나 공감할 이야기입니다.

그녀의 고백에는 극적인 반전이나 미사여구가 없습니다. 대신 진심이 있습니다. 아픔을 밀어내지 않고 마주하는 용기, 그리고 그 시간 속에서 단단히 자라난 회복의 힘이 있고, 그녀는 이 시간을 통해 자신을 다시 세웠으며, 동시에 타인의 고통을 바라보는 시선을 넓혔습니다. 이 책은 바로 그 변화의 순간을 담담히 포착합니다. 책의 마지막 장에서 김주하는 개인의 이야기를 넘어 사회 속으로 걸어 들어갑니다. 자신의 회복이 곧 타인을 위로하는 에너지로 확장되며, 그것이 새로운 '소명'이 되는 순간을 보여줍니다.

그 변화의 흐름은 단순한 회개나 반성과는 다릅니다. 그것은 한 사람의 성숙이 세상에 미치는 긍정적 파동에 대한 증언입니다.

책장을 덮을 즈음 우리는 깨닫게 됩니다. 삶은 어쩌면 완벽한 성공보다 불완전함을 포용하면서 더 나은, 그리고 더 '나 다운' 내가 되어 가는 긴 과정인지도 모른다고. 그녀의 이야기는 그 길 위에서 "괜찮다, 조금 늦어도 된다, 잘하고 있다"고 말해주는 따뜻한 위로처럼 다가옵니다.

이 책은 어느 날 문득 멈춰 선 당신에게 건네는 부드러운 손이 될 수 있습니다.

"고난에는 뜻이 있다."

"지금 당신의 어둠 속에서도 새로운 빛이 자라고 있다."

그 말을 믿게 만드는 힘이, 이 책 안에 있습니다.

현천욱
김앤장 법률사무소 인사·노무 부문 대표 변호사

| 프롤로그 |

흔들림 없는 시선

오늘도 그녀는 어김없이 정해진 시간에 차가운 조명 아래 앉습니다. 단정하게 빗어 넘긴 머리, 흐트러짐 없는 목소리, 그리고 무엇도 꿰뚫어 볼 듯한 단단한 눈빛. 대중은 그녀를 '신뢰'라는 단어와 동의어로 여깁니다.

"꽁꽁 얼어붙은 한강 위로 고양이가 걸어 다닙니다."*

전설처럼 남은 이 한 문장은, 어떤 상황에서도 사실을 전하겠다는 그녀의 직업적 신념을 상징하는 하나의 아이콘이 되었습니다. 우리는 그 완벽한 모습에 안도하고, 그녀가 전하는 세상 소식에 귀를 기울입니다.

하지만 스튜디오의 모든 불이 꺼지고, 수많은 눈이 거두어진 뒤, 그녀는 어디로 향할까요. 그 강철 같은 평정심은 과연 어떤 시간 속에서 벼려진 것일까요. 우리는 한 번도 질문해본 적 없습니다. 그녀의 이름 앞에는 늘 '앵커'라는 수식이 붙었고, 우리는 그 역할 뒤에 숨은 한 인간의 맨 얼굴을 들여다볼 기회가 없었습니다. 어쩌면, 들여다볼 생각조차 하지 못했는지도 모릅니다. 완벽한 아이콘에게는 인간적인 고뇌나 상처가 없을 것이라 지레짐작하면서 말입니다.

이 책은 그 단단한 갑옷 아래, 가장 연약한 살을 파고들었던 시련의 이야기입니다. 한 인간의 삶이 송두리째 흔들리고, 가장 내밀한 아픔이 세상의 가십이 되었던 그 혹독한 시간에 대한 기록입니다. 이것은 단순히 한 유명인의 불행을 들추어보는 이야기가 아닙니다. 가장 깊은 절망의 구렁텅이에서 어떻게 한 줌의 빛을 발견하고, 그 빛을 다른 이를 위한 등불로 밝히기로 결심했는지에 대한 한 여성의 투쟁기입니다.

이혼이라는 개인적 아픔, 앵커가 되기 위해 모든 것을 걸었던 치열했던 과거, 신앙과 직업윤리 사이에서의 고뇌, 그리고 마침내 세상의 가장 그늘진 곳에 손을 내밀기로 한 약속까지. 이 모든 조각들은 흩어져 있는 듯 보이지만, 실은 하나의 그림을 완성해 나가는 과정이었습니다. 자신의 상처를 통해 타인의 아픔을 이해하게 되고, 그 이해를 바탕으로 세상에 단단한 목소리를 내는 것. 그것이 그녀가 시련 속에서 찾아낸 삶의 이유이자 소명이었습니다.

이제, 카메라의 붉은 불이 꺼진 시간 속으로 함께 걸어 들어가 보려 합니다. 우리가 미처 알지 못했던 그녀의 떨리는 어깨와 젖은 눈시울을 마주하려 합니다. 그리고 그 눈물이 어떻게 마르고,

더 단단한 빛으로 세상을 비추게 되었는지, 그 경이로운 연금술의 비밀을 함께 찾아가려 합니다. 이것은 김주하의 이야기이자, 어쩌면 우리 모두의 이야기일지도 모릅니다.

---

* 김주하 앵커가 진행한 MBN 〈뉴스 7〉의 2021년 12월 27일 보도한 뉴스 영상에서 이시열 기자가 리포트한 멘트가 유명해지면서 매년 겨울이면 회자되고 있다.

차례

추천의 글 인생의 참고서 4
　　　　　어둠 속에서 별을 빛는 그릇 6
프롤로그 흔들림 없는 시선 8

1장 🐆 목소리를 꿈꾸던 소녀

잉크 냄새 17 ｜ 꿈꾸는 여고생 21 ｜ 세상의 문을 두드리다 27
직진! 33 ｜ 취업의 문턱 39 ｜ 여의도의 공기 50

2장 🐆 유리 천장을 향하여

이력서의 첫 줄 59 ｜ 달라진 목소리 61 ｜ 여자 아나운서라는 이름 64
전직 70 ｜ 독도, 그 바람의 한가운데서 77 ｜ 최초의 이름들 84
뉴스의 편집자 90 ｜ '줏대'라는 원칙 95

3장 🐆 완벽한 삶이라는 신기루

첫 만남 103 ｜ 영화 같은 로맨스 108 ｜ 모두가 축복한 결혼 112
최고의 며느릿감 115 ｜ 첫아이 그리고 드러난 균열 120
드러나기 시작한 폭력성 127

4장 🐈 **거짓의 성**

기만이라는 이름의 과거 *133* | 그가 준 약은 뭐였을까 *140*
신용카드를 주다 *144* | 한밤의 추격전 *148* | 공증각서 *154*
좋은 엄마 콤플렉스 *157* | 아들에게 시작된 폭행 *162* | 공포 속에서 *169*

5장 🐈 **약속과 배신**

마약, 기쁨의 무게, 슬픔의 그림자 *175* | 헤어질 결심 *179* | 아들의 질문 *183*
정신과 의사와의 만남 *186* | 시어머니의 두 얼굴 *190* | 전파를 탄 이혼 소식 *193*

6장 🐈 **법정이라는 무대**

쏟아진 제보 *199* | 커터칼 사건 *204* | 뒤바뀐 진술 *209*
합의 조건과 이혼 자료 해킹 *212* | 도둑맞은 차량 *214*
나도 모르게 만들어진 계좌 *216* | 가장 고독한 결심 *220*

7장 🐈 **홀로서기**

귀환, 다시 카메라 앞에 *227* | 일과 아이들, 두 개의 기둥 *233*
한푼도 못 받은 양육비 *238*

8장 🐾 새 둥지를 틀다

생존자의 목소리 247 | '김주하의 그런데' 253 | 급똥 아닌 급체 사건 259
보행기를 탄 앵커 265 | 마지막 앵커 멘트 269

9장 🐾 세상의 가장 낮은 곳으로

열여덟 어른, 외로운 독립 277 | 보이지 않는 상처 281
제도의 구멍을 향한 외침 286 | 거울이 되어줄 한 사람 289

10장 🐾 새로운 시대를 위한 메시지

완벽이 아닌 온전함을 향하여 295 | AI 시대, 인간 저널리스트의 길 298
레거시, 연결을 통해 완성되다 301 | 진실의 무게와 공감의 윤리 303
당신의 목소리를 찾아라 306 | 홀로 설 수 없는 삶 309
가장 인간적인 미래를 위한 기술 312 | 희망이라는 이름의 앵커 315

에필로그 당신의 목소리로 317
참고 문헌 및 자료 320

"미래를 예측하는 가장 좋은 방법은 미래를 창조하는 것이다."
- **피터 드러커** *Peter Drucker*

모든 것의 시작에는 막연한 끌림이 있다. 잉크 냄새가 밴 신문지 위에서 세상을 배우고, 라디오에서 흘러나오는 낮은 목소리를 통해 시대의 숨소리를 느끼던 어린 시절. 그 아날로그적 감성 속에서 하나의 꿈이 싹텄다. 세상을 향해 내 목소리를 내고 싶다는 열망이랄까.

1장

목소리를
꿈꾸던
소녀

잉크 냄새

"신문 왔냐~?"

내 어린 시절의 기억은 잉크 냄새와 함께 시작된다. 매일 아침 아버지께서 들고 오시는 조간신문은 그냥 일반 종이가 아니라 아직 온기가 채 가시지 않은, 밤새 세상에서 일어난 수많은 이야기를 품고 있는 이야기 덩어리였다. 아직 그 빼곡한 활자의 의미를 다 이해하지 못했지만, 종이와 잉크가 뒤섞인 특유의 냄새를 맡으며 막연하게나마 그 글자들이 세상과 연결되어 있다고 느꼈던 것 같다. 그래서인지 나에게 있어 신문은 세상으로 통하는 첫 번째 창(窓)이라고 할 수 있었다. 신문지를 펼칠 때마다 들리던 '바스락거림'이 미지의 세계가 열리는 소리처럼 들렸으니 말이다.

신문을 보신 아버지의 두 번째 일과는 텔레비전 아침 뉴스를 보는 것이었다. 아버지 옆에 앉아 아침을 먹으며 덩달아 아버지가 들으시는 아침 뉴스를 들었고 이해가 안 되는 부분을 여쭤보기라도 하면 식사 자리임을 잊으신 듯 이야기를 길게 해주시곤 했다. 그래서 어머니의 눈 흘김을 받기도 했지만 말이다.

많은 이가 그렇겠지만 나에게 있어서도, 아버지는 세상을 배우는 첫 번째 '모델'이었다. 하루가 끝나는 밤이 되면 매일 저녁 TV 앞에 앉아 〈9시 뉴스〉를 보시던 아버지의 진지한 뒷모습은 어린 나에게 강렬한 인상을 남겼다. 앵커의 한마디 한마디에 집중하고, 때로는 고개를 끄덕이고 때로는 안타까운 한숨을 쉬시던 모습, 나는 그 모습을 통해 뉴스가 단순히 정보를 전달하는 것을 넘어, 한 사람의 감정과 생각을 움직이는 강력한 힘을 가졌다는 것을 어렴풋이 깨달을 수 있었다.

그 시절, 앵커는 세상의 축소판이었다. 네모난 브라운관 속에서 그들은 전쟁과 평화, 기쁨과 슬픔, 번영과 쇠퇴의 소식을 담담하지만 힘 있는 목소리로 전했고 매일 그 모습을 보던 나는 자연스레 그 목소리에 매료됐다. 그 목소리는 단순한 음성이 아니라, 사실의 무게를 견디고 진실의 방향을 가리키는 나침반처럼 느껴졌다. 그리고 '나도 저 자리에 앉아 세상의 이야기를 전하고 싶다'는 막연한 동경은 어느새 내 삶의 가장 구체적인 목표가 되어 심장 깊숙이 자리 잡았다.

1980년대와 1990년대 초반, 내가 선망했던 여성 앵커들은 남성 중심의 사회에서 자신의 전문성을 바탕으로 당당히 목소리를 내는 선구자들이었다. 그들은 부드럽지만 강단 있었고, 지적이면서도 따뜻했기에 더 그들처럼 되고 싶다는 열망이 강했는데 여성스러우면서도 독립심이 강했던 어머니의 성향도 영향을 미친 것 같다.

"여자는 학교 선생님이 되면 좋지. 여자 선생님은 커피 안 타잖아? 김 양, 박 양 … 이렇게 불리지도 않고. 여자든 남자든 다 ○○선생님이라고 불리고 말이야."

어릴 적 어머니의 말씀이 아직도 뇌리에 박혀 기억이 난다. 사회생활을 오래하셨지만 같은 점수나 더 높은 점수로 입사해도 여성은 남성보다 승진이 늦고 주로 복사를 하거나 커피를 타 와야 했던 그 시절 그런 모습이 딸만 둘인 어머니에겐 좋지 않게 보였던 것 같다.

그 덕분에 나는 단순히 앵커가 되는 게 전부가 아니라 '바른 말을 할 수 있고, 내가 하고 싶은 말을 제대로 할 수 있는 앵커'를 꿈꾸게 되었다. 이런 꿈은 단순한 직업적인 성공을 넘어서는 것이었고 그것은 나의 존재 이유를 증명하고 싶은 열망과도 맞닿아 있었다. 사회의 부조리를 고발하고, 약자의 목소리를 대변하며, 더 나은 세상을 만드는 데 나의 목소리가 쓰일 수 있다면 얼마나 가치 있는 삶일까. 이러한 생각은 훗날 내가 겪게 될 수많은 시련 속에서도 나를 지탱해준 가장 근원적인 힘, '소명 의식'의 씨앗이 되었을 수도 있다.

꿈을 갖는다는 것은 내면에 하나의 엔진을 장착하는 것과 같다. 그 엔진은 때로는 나를 앞으로 나아가게 하는 강력한 추진력이 되고, 때로는 길을 잃었을 때 방향을 알려주는 내비게이션이 된다. 잉크 냄새와 함께 시작된 나의 꿈은, 세상의 소음 속에서 나 자신의 심장 소리에 귀 기울이게 하는 법을 가르쳐줬다.

꿈꾸는 여고생

　그래서일까. 난 고등학교에 입학하자마자 신문반에 지원해 들어갔다. 갓 인쇄된 신문의 잉크 냄새, 오래된 종이가 머금은 먼지 냄새, 그리고 늦은 밤의 차갑고 고요한 공기 냄새의 기억은 고등학교 때부터 이어진다. 당시 내 교복 치맛자락에는 검은 잉크가 희미하게 번져 있곤 했는데 난 이상하게 그 자국들을 좋아했다. 그뿐만 아니라 늦은 밤, 모두가 집으로 돌아간 텅 빈 학교의 신문반 편집실, 희미한 백열등 하나에 의지해 원고지를 들여다보던 시간도 좋아했다. 이 습관은 지금도 있어서 쉬는 날, 일명 빨간 날 회사에 일하러 나왔을 때 아무도 없는 빈 사무실을 나는 즐긴다. 마치 아무도 없는 방에서 홀로 모험을 준비하는 이상한 나라의 앨리스가 된 듯한 느낌이랄까.

　그렇다고 고등학교 시절이 그런 흥분된 기분만으로 가득 차 있던 건 아니다. 신문반 기자들의 눈에는 세상이 온통 풀어야 할 질문투성이었을 테니깐. 어른들의 세계는 복잡했고, 그들이 만든 규칙은 종종 불합리해 보였으니까 말이다. 우리는 그 거대한 수수께끼 앞에 선 작은 탐정이었다.

왜 세상에는 불공평한 일이 이토록 많은 걸까. 진실은 왜 늘 복잡하고 여러 겹의 얼굴을 하고 있을까. 앳된 얼굴로 감당하기에는 조금 무거운 질문들이었지만, 어찌 보면 당연한 질문들이었다. 30여 년이 지난 지금도 그 질문에 답을 찾지 못하고 있으니 말이다.

또래 친구들이 연예인 사진을 모으고 유행하는 노래 가사를 외우며 공부할 때, 나는 어떻게 하면 기사를 잘 쓸 수 있나를 신문반 담당 선생님인 국어과 오봉희 선생님께 물었고 지금 생각해 보면 당연한 대답, "신문 사설을 보고 신문을 많이 읽으라"는 말을 들었다. 그 이후 내 앞뒤 안 맞는 기사를 조금이라도 더 기사처럼 보이게 하기 위해 신문 사설을 베껴 써 보고, 칼럼니스트의 논리가 맞나를 따져보며 시간을 보내게 되었다. 그 나이 또래 아이들에게 세상이 즐거움과 탐닉의 대상이었다면, 내 눈에 비친 세상은 해부하고 분석해야 할 거대한 텍스트 중 하나였으니까 말이다.

자연히 어머니의 걱정은 날로 깊어갔다. 딸이 책상머리에 앉아 교과서 대신 신문 기사를 보고, 밤늦게까지 잉크 냄새를 풍기며 집에 돌아오는 날이 많았으니 그랬을 것이다. 어머니의 세상에서 '공부 잘하는 딸'이란, 교과서와 참고서를 파고들어 좋은 성적

고등학교 소풍 날 김밥 먹다가

을 받는 학생을 의미했을 테지만 딸은 그 틀에서 조금씩, 아니 많이 벗어나고 있었다. 어머니에게 신문은 그저 어른들의 골치 아픈 이야기일 뿐이었다. 고등학교에 입학하기 전 치르는 고입선발고사(연합고사)에서 전교 5등으로 입학했던 성적이 계속 떨어지니 당연히 어머니의 속도 터지셨을 것이다.

"아니 하라는 공부는 안 하고, 밤늦게까지 그까짓 신문 쪼가리 붙들고 뭐 하는 거니!"

어머니는 아직도 누굴 때리지 못할 만큼 심성이 약하시다. 그래서 어느 날은 손 위 언니(이모)를 불러 종아리에 회초리를 치게도 하고 딸의 신문반 선생님께 연락해 신문반을 그만두게 해달라고 요구도 하셨지만, 그것도 잠시뿐이었고, 역시 자식 이기는 부모는 없다.

어머니는 아마 모르셨을 것이다. 그 신문 '쪼가리'가 딸에게는 세상과 소통하는 유일한 창문이자, 딸이 답을 찾아 나서는 탐험의 지도였다는 것을. 한 달에 한 번씩 나온 36페이지짜리 얇은 교지는 세상을 향해 던지는 치열한 첫 번째 외침이기도 했기에 직접 기사를 쓰고, 제목을 뽑고, 사진을 찍고, 사진을 배치하며 하나의 지면을 완성해나가는 과정은 그 어떤 놀이보다 흥미진진했다.

친구들이 당시 유행하던 뉴 키즈 온 더 블록 노래에 열광하며 용돈을 모아 콘서트에 갈 계획을 세울 때, 신문반 아이들은 다른 종류의 짜릿함에 빠져 있었다. 강렬한 헤드라인이 주는 자극, 잘 짜인 기사가 가진 논리의 아름다움, 세상을 향한 날카로운 비판이 주는 통쾌함을 동경했는데, 기사를 통해 사회 부조리를 고발하고 잊힌 이들의 목소리를 세상에 전하는 기자들이야말로 내겐 유일한 '아이돌'이었다. 모 방송사 어느 기자가 나오면 텔레비전 앞에 더 바짝 다가가 앉아 귀 기울이며 열광하는 등 그 기자의 리포트 모습이 어떤 아이돌보다 멋지게 보였으니 말이다. 어찌 보면 기사 자체가 내겐 세상과 관계를 맺는 방식이었을지도 모르겠다.

그렇다고 실망이 없었던 건 아니다. 고등학교지만 축제가 있었던 이화여고에서는 일 년에 한 번씩 큰 동아리 축제가 있었는데 이때 쌓여있는 쓰레기를, 평일에 구석구석에 버린 쓰레기와 아울러 우리 딴에는 교지에 대대적으로 보도한 적이 있었다. '이래 선 안 된다, 쓰레기는 쓰레기통에!!'라는 통렬한 반성과 후회의 기사였다. 그리곤 세상이 곧 변할 것처럼 두근두근했었는데 웬 걸… 교지가 배포된 다음날에도, 그 다다음날에도 변하는 건 없었다. 공감과 실행은 다른 말이라는 것이 와닿은 첫 번째 경험이라고 할까. 그뿐만 아니라 신문반의 권한으로 선생님 댁에 방문해 선생님을 취재한 적도 있었다. 하지만 훗날 따스하기만 했던 그 선생님이 직접 학생을 발로 차는 장면을 눈앞에서 목격하면서 충격을 받기도 했다. 세상은 어느 각도에서 보느냐에 따라 한 사람이, 한 사건이 달리 보일 수 있다는 걸 느낀 경험이었다.

훗날 내 트레이드마크이자 삶을 지탱하는 기둥이 된 '줏대'는 바로 이 시절에 생기기 시작했는지도 모르겠다. 남들이 모두 '예'라고 말할 때, 혼자 '아니오'라고 말할 수 있는 용기. 그 용기는 갑자기 생겨나는 것이 아니라, 이처럼 아주 작은 순간들의 선택이 모여 만들어지는 것일 테니까. 이모까지 불러와 대신 때리게 한 어머니의 매는 아팠지만, 반대에 부딪힐수록 꿈은 더 단단해지는 법. 반대는 내 안의 질문들을 더욱 선명하게 만들어줬다.

'언젠가, 이 좁은 편집실이 아니라 세상의 중심에서, 더 많은 사람에게 진실을 전하리라.' 아득히 멀어 보였지만 내 목소리로 세상을 이야기할 그날을 상상하는 것만으로도 가슴이 벅차 올랐다. 나는 자기 전에 늘 미래를 꿈꾸곤 했는데 내가 방송사에 입사해 뉴스를 전하는 상상을 수천 번은 했던 것 같다. 뉴스 중간에 기자와 연결이 안 되고, 날씨를 전하는 기상 캐스터와 손발이 맞지 않으며, "내 귀에 도청장치가 있다"고 소리치며 뉴스 스튜디오에 뛰어든 사람과 몸싸움을 하는 등 온갖 생방송 사고도 상상해가며 말이다.

그래서일까. 신문반을 그만두고 공부 좀 하라고 회초리를 맞은 바로 그 다음날, 중간고사인 영어와 다른 과목들 시험을 코앞에 두고 있었음에도 다 때려치우고 신문반에 가서 교정을 보느라 까매진 손가락이 자랑스러웠으니, 말 다했다고 봐야 했을 것이다.

세상의 문을 두드리다

처음에 신문반에 들어갔을 때만 해도 3,600명의 학생을 대표하는(당시 이화여고는 이화외고와 일반 고등학교로 분리되기 전이라 한 반에 60명 이상, 한 학년에 20반씩, 전교생 3,600명 정도였다), 한 기수에 달랑 4명뿐인 신문반 기자가 되었다는 자부심으로 시작해 미래에 기자가 되기를 꿈꾸었다. 그런데 기사를 잘 쓰기 위해 신문과 방송 뉴스를 자주 접하다 보니 새 꿈이 생겼다. 바로 '앵커'가 되어 뉴스를 전하고 싶다는 생각을 갖게 된 것이다. 이 꿈은 나날이 선명해졌지만, 일반 여고생에게 그 꿈으로 가는 길은 짙은 안개처럼 희미하기만 했다. 앵커가 되고 싶다는 열망만 있을 뿐 그곳으로 가는 지도는 어디에도 없었으니 말이다. 당시엔 지금 같은 인터넷 환경은 당연히 없었고, 어디에서도 정보를 얻기 힘든 시기였다. 컴퓨터 학원이 존재했고 그 학원에 가면 DOS로 컴퓨터를 켜는 것부터 배우던 시절이었으니 무슨 말을 더 하리오….

정보를 얻을 수 있는 방법은 이전 앵커나 아나운서, 기자들이 쓴 책을 찾아보는 게 전부였는데, 그 책을 다 섭렵해도 방송사에 들어가려면 어느 대학, 어느 학과를 나오는 게 유리하고, 입사 시험으로는 어떤 것들을 준비해야 하는지 등은 그 어디에서도 찾을 수 없었다. 가고 싶은 섬은 저 멀리 보이는데, 노를 젓는 방법도, 바람의 방향을 읽는 법도 알지 못하는 막막함. 그 답답함이 교복 입은 어깨를 무겁게 짓누르는 듯했다.

선생님께 여쭤봐도, 몇 안 되는 대학생 선배들에게 물어봐도 돌아오는 대답은 늘 한결같았다. "공부 열심히 해야지." "일단 좋은 대학부터 가고." 모두 맞는 말이었고, 진심 어린 조언이라는 것도 알았지만 마음속의 불덩이를 식히기에는, 그 거대한 갈증을 채우기에는 턱없이 부족했다. '무엇을' 해야 하는지가 아니라, '어떻게' 해야 하는지가 궁금했으니 말이다.

하지만 주변에는 그 구체적인 경로, 그 실질적인 방법을 물어볼 사람이 단 한 명도 없었다. 친척 중에도, 이웃 중에도 방송사에 다니는 사람은 없었다. 텔레비전 속 앵커들은 너무나 멀리 있는, 다른 세상 사람 같기만 했다. 완벽한 발음, 흔들림 없는 눈빛, 지적인 분위기. 그 모든 것이 평범한 여고생에게는 감히 닿을 수 없는 하늘의 별처럼 느껴졌다. 그들은 태어날 때부터 특별한 재능과 배경을 가지고 선택된 사람들처럼 보였고, 꿈이 거대하게 느껴질수록, 현실의 나는 더 초라하게만 보였다.

그러던 어느 날 저녁, 여느 때처럼 저녁 뉴스를 기다리고 있는데 텔레비전을 보던 내 눈에, 화면 하단에 스쳐 지나가는 방송국의 로고와 대표전화 번호가 들어왔다. 그 순간, 내 머릿속에 번개 같은 생각이 스쳤다.

'물어볼 사람이 없으면, 그냥 그곳에 직접 물어보면 되잖아?'

너무나 단순해서 누구도 생각하지 못했거나, 생각했더라도 감히 실행하지 못했을 무모한 발상이었다. 생각해보라. 얼굴도 모르는 여고생이 불쑥 전화를 걸어 "어느 학교 어느 학과가 앵커가 되는 데 유리해요?"라고 묻는다면 황당하지 않겠는가 말이다. 하지만 어른들의 세계는 보이지 않는 벽으로 둘러싸여 있고, 그 문은 정해진 사람에게만 열리는 것이라고 막연히 생각했던 나에게, 그것은 하나의 코페르니쿠스적 전환이었다.

심장이 미친 듯이 뛰기 시작했다. 수화기를 들기까지 얼마나 망설였는지…. 당시는 일반인들에게는 휴대전화는커녕 삐삐도 없던 시절이었다. 야간 자율 학습까지 해야 하는 고등학생이 방송사에 전화할 수 있는 시간은 학교에 있을 때뿐이었고, 공중전화는 학교 건물 한쪽 입구에 수줍게 한 대가 있을 뿐이었다. 점심시간이면 방송사 사람들이 식사를 하러 갈지도 모르니 내 전화를 받지 못할 수도 있다는 생각에 수업 시간 중간, 그러니까 쉬는 시간에 전화를 걸어봐야 했다. 그런데 내 교실이 있는 층이 6층, 쉬는 시간은 10분… 정말이지 바빴다.

빨간 다이얼 전화기 앞에 선 손가락이 떨렸다. '과연 전화를 해도 될까. 전화를 하면 누가 받을까. 웬 학생이냐며 귀찮아하지는 않을까.' 수만 가지 걱정이 머릿속을 스쳐 지나갔다. 거절당할 것에 대한 두려움, 무시당할 것에 대한 수치심도 들었지만 그 모든 두려움을 압도하는 것이 있었으니, 바로 절실함이었다. 이대로 주저앉아 막연한 꿈만 꾸고 있을 수는 없다는, 어떻게든 이 안개를 뚫어보겠다는 간절한 마음이었다.

떨리는 손으로 KBS 대표전화 번호를 눌렀다. 무심한 목소리의 교환원이 전화를 받았고, 겨우 용기를 내어 또박또박 물었다.

"저… 앵커가 되려면 어떻게 해야 하는지 여쭤보고 싶은데요, 아나운서실 좀 연결해주실 수 있나요?"

하지만 한 번에 친절한 안내를 받는 영화 같은 일은 일어나지 않았다. 현실은 냉정했다. 교환원은 매우 퉁명스러운 목소리로 "그런 건 홍보실로 물어보세요"라며 전화를 끊으려 했고 다급해진 나는 "그럼 그쪽 전화번호라도 알려달라"며 매달리듯 부탁해야 했다.

그렇게 시작된 전화 돌리기는 나를 마치 거대한 성벽 앞에서 길을 잃은 순례자처럼 느끼게 했다. 어렵게 연결된 아나운서실에서는 "저희는 그런 문의 안 받습니다"라며 교환원 말대로 홍보실로 넘겼다. 물어물어 홍보실에 겨우 전화를 걸었더니, 이번에는 "채용 관련이니까 인사부 소관이네요"라며 또 끊으려 했고 나는 "잠시만요! 번호 좀!"을 외치며 수화기를 붙들고 다음 전화번호를 받아 적기 바빴다. 어른들의 세계는 생각했던 것보다 더 높고 복잡한 칸막이로 나뉘어져 있었다.

몇 번의 '뺑뺑이' 끝에 드디어 인사부 담당자와 연결되었을 때, 거의 울먹이며 그동안 준비했던 질문을 쏟아냈다.

"저… 저는 고등학생인데요… 정말 죄송한데, 앵커가 되려면 대학교에서 무슨 과를 가야 제일 유리한가요?"

수화기 너머에서는 잠시 침묵이 흘렀다. '아, 또 끊으려나 보다.' 포기하려던 순간, 뜻밖의 목소리가 들려왔다. 그간의 퉁명스러움과는 달리, 의외로 친절한 설명이었다. 어떤 학과를 나와야만 한다는 정답은 없지만, 신문방송학과나 정치외교학과, 국문학과 등 다양한 전공을 한 사람들이 있고, 4년제 대학을 나오면 방송사 자체 시험에 응시 가능하다는 설명이었다.

앞서 언급했듯이 내가 공부하는 교실은 6층이고 쉬는 시간은 10분이었다. 그동안 내가 몇 번을 오가며 전화를 걸었을지는 상상에 맡기겠다.

어쩌면 대단한 정보가 아니었을지도 모른다. 하지만 내게는 그 어떤 현자의 가르침보다 값진 것이었다. 질문을 적은 종이가, 다음에 걸 전화번호, 또 그 다음에 걸어야 할 전화번호로 가득 찼지만, 짙은 안개 속에 한 줄기 빛이 비치는 것 같았다. 종이에 가득 찬 전화번호를 보면서 내가 취재를 했다는 약간의 착각과 동시에, 막연했던 꿈의 지형도에 몇 개의 중요한 지명이 표시된 느낌이었다. 이제 어디를 향해 걸어야 할지, 최소한의 방향을 알게 된 것이다. 전화를 끊고 나서도 한참 동안 수화기를 내려놓지 못했다. 손바닥은 땀으로 축축했고, 심장은 여전히 세차게 뛰고 있었다.

세상은 여전히 거대했지만, 이제는 부딪쳐볼 만한 곳으로 보였다. 이 작은 행동은 내 인생을 관통하는 하나의 상징이 되었다. 기회가 주어지기를 기다리는 대신, 스스로 문을 두드리고 길을 만들어내는 사람. 불가능해 보이는 벽 앞에서 좌절하는 대신, 그 벽에 작은 구멍이라도 낼 방법을 찾아내는 사람. 사람들은 훗날 그것을 '배짱' 또는 '줏대'라고 불러주었다.

그날 내가 용기를 내어 들었던 수화기. 그 수화기 너머에는 단지 방송국 직원 한 사람이 있었던 게 아니다. 그 너머에는 그토록 가고 싶었던 미래가 있었고, 나 자신의 힘으로, 그 미래의 문고리를 잡고 흔든 사건 아닌 사건이었다.

아무도 가르쳐주지 않는 길 위에서, 우리는 때로 스스로 질문을 던져야만 하고 그 질문을 세상에 외쳐야만 한다. 그 대담한 물음 하나가, 우리를 꿈꾸던 곳으로 데려다줄 첫걸음이 될 수 있다.

직진!

스무 살의 문턱에서 대부분의 청춘은 주어진 길 위에서 안정을 찾으려 한다. 합격 통지서를 받아 든 순간부터 대학 캠퍼스의 낭만을 즐기고, 새로운 친구들과 미래를 이야기하며 익숙한 트랙 위를 달린다. 나 역시 다르지 않아서 건국대학교에 입학했고, 그 안에서 평범하지만 안정된 미래를 그려볼 수도 있었다. 새로운 환경, 새로운 사람들 그리고 자유로운 대학 생활은 충분히 매력적이었으니까.

그런데… 내 눈에 이상한 점들이 자주 들어오기 시작했다. 남자의 모습이었다. 전화를 길게 하고, 자기 집 형광등조차 교체해본 적 없으며 삐그덕대는 창문을 고쳐본 적도 없는, 심지어 드라이버조차 사용해본 적이 없는 '남자'들이 많았던 것이다. 딸만 둘인 집안에서 전화를 길게 하거나, 문이 고장 나거나 못이 헐렁해졌을 때 잘 고치지 못하면 늘 아버지께서 "아들로 태어났더라면 안 그랬을 텐데"라는 말을 달고 사셨었는데 실제로 대학에서 보게 된 남자들은 아버지의 말씀과는 완전 딴판이었던 것이다. 물론 대학에서 본 남자가 '남성 전부'는 아니었겠지만 나는 혼란스러웠다. 게다가 일명 '삐치는' 남성도 많았다. 아버지의 말씀에 따르면 남자라면 속이 넓고 전화도 할 말만 하고 끊으며 이해심도 많아야 하는데 말이다.

지금은 덜 삐치고 전화를 길게 하며 형광등을 갈 줄 알고 드라이버를 쓸 줄 아는 게 더 나은 사람이라는 이분법적 생각은 사라졌지만, 그때는 모든 면에서 남자는 여자보다 나을 것이라고 믿었던 내 믿음에 금이 가기 시작했다. 이와 동시에 '그럼 내가 조금 더 노력하면 이 세상의 절반인 남자들보다 조금은 더 나을 수 있지 않을까'라는 생각이 들기 시작했다.

또한 나는 대학에 입학하자마자 더 많아진 인맥을 이용해 앵커가 될 방도를 여러모로 찾고 있었는데, 당시 '이화여자대학교 출신 앵커가 많다'는 소식을 접한 것도 내 다음 결심에 영향을 주었다. 이 정보에 따르면 난 바로 다시 수험생의 자리로 돌아가야 했다. 당시 나에겐 갖고 있던 모든 것을 백지로 돌리고, 처음부터 다시 시작하겠다는 선언이기도 했다.

주변의 모든 사람이 만류했다.

"이미 좋은 대학에 다니고 있는데 왜 사서 고생을 하냐?"

"시간 낭비다. 그냥 다니던 곳에서 열심히 하는 게 시간도 아끼고 더 낫다."

부모님의 걱정 어린 눈빛과 친구들의 의아한 시선도 사실 틀린 게 아니었다. 합리적으로 생각하면, 내 선택은 비효율적이고 위험부담이 큰 도박처럼 보였으니까. 이미 2학년이었기에 또 시간을 투자해서 실패라도 한다면, 그토록 원하는 앵커가 되지 못할 수도 있었다. 왜냐하면 당시만 해도 방송사 입사 시험은 나이 제한이 있었기 때문이다. 게다가 난 방송사 시험을 삼수까지 생각하고 있었는데 다시 공부해 대학을 갈 경우 방송사는 졸업 예정자부터 응시가 가능했으니 재수까지만 가능했다. 내가 과연 2년 안에 방송사 시험에 통과할 수 있을까. 그러려면 캠퍼스 낭만은 고사하고 입학하자마자 입사 시험부터 준비해야 했다. 고되겠지만 난 그래도 앵커가 못될 바엔 그 길이 낫다고 생각했다.

물론 합리적이지 않다. 하지만 확인된 통계도 보장된 약속도 아닌 '이화여자대학교 출신 선배들이 앵커로 많이 활동하고 있다'는 말을 믿어봐야 할 만큼 꿈에 대한 절실함이 있었고 작은 가능성 하나도 놓칠 수 없었다. 게다가 실제로 당시 앵커들의 학력을 찾아보니 여성 앵커는 이화여자대학교 출신이 많았고 0.1퍼센트의 확률이라도 높일 수 있다면 기꺼이 모든 것을 걸어야 했다.

다시 책상 앞에 앉았다. 대학 입시 시험으로 학력고사를 치렀던 세대였기에 수학능력시험이라는 게 낯설었지만, 다행히 수학만큼은 고등학교 때도 꽤 했고, 그래서 그걸 알아주는 친구들이 자신들의 동생 수학 과외를 맡긴 덕에 수학은 놓지 않은 상태였다. 다른 과목은 EBS 방송을 VHS 비디오로 녹화해서 정말이지 비디오 테이프가 녹아내릴 만큼 봤다. 내 방에서 조용히 EBS 방송을 듣고 싶었지만, 당시 내 방엔 텔레비전도 없던 상태라 작은 마루에서 식구들이 지나다니고 부엌에서 음식을 먹는 소리를 다 들어가며 텔레비전 강의를 들어야 했지만, 이것이 마지막 기회라고 생각하니 따질 여력이 없었다.

가끔 미팅과 동아리 활동으로 캠퍼스를 누비던 친구들이 연락해왔다. 하지만 부럽다는 생각은 들지 않았다. 나는 입학 당시 여

대학 때

러 활동을 해보는 게 방송사 입사에 도움이 될 것이라는 말에 '책 읽기 동아리', 'TIME지를 읽고 해석하는 동아리', '바둑 동아리', '고아원 방문 동아리' 등에 가입해서 활동하고 있었기에 관련 연락이 자주 왔지만 그때는 그냥 세상과 연을 끊다시피 했다.

지금 생각해보면 난 늘 이런 식이었던 것 같다. 앵커에겐 바로 내일이 선거방송이면 일찍 잠들어 좋은 컨디션을 유지하는 게 중요한데 난 그보다 누가 당선이 되면 어떤 질문을 할지 고민하며 회사에서 자료를 찾기 위해 밤을 새우다시피 했으니까. 그래서 난 당선자가 1명인 대선을 훨씬 좋아했다. 총선이나 지선은 당선자가 너무 많아 질문거리를 일일이 찾기가 힘들었으니 말이다.

어쨌든 목표가 정해지면, 그 길이 가장 빠른 길이든 삥 돌아가는 길이든 아는 길로 갔다. 그리고 그 길 위에 장애물이 있다면 돌아가거나 피하는 방법을 몰라 정면으로 부딪쳤다. 남들이 비웃는 무모함은 전략적 선택이라고, 세상이 말하는 비합리성은 내 열정이라고 합리화하면서 말이다. 그래서 수능 점수가 나오고 고려대를 가라는 여러 주변의 제안에도 불구하고 난 이화여대를 선택했다 (앵커는 이대 출신이 많다잖아!!).

마침내 다시 합격 통지서를 손에 쥐고 이화여대 교정을 밟았을 때 가슴이 벅찼지만 기쁨은 잠시였고 들어선 교정은 더 이상 낭만의 공간이 아니었다. 그곳은 꿈을 현실로 만들기 위한 치열한 전쟁터의 제2막이자 미래를 준비하는 발돋움판이었다.

사람들은 종종 꿈을 꾸지만, 그 꿈을 위해 현재의 안락함을 포기하는 이는 많지 않다. 익숙한 것들과 결별하고, 불확실한 미래에 자신을 던지는 데는 엄청난 용기가 필요하기에 그럴 것이다. 물론 불확실한 미래에 투자해서 다 성공하진 않기에, 난 무조건 도전하는 것에는 반대한다. 나만 해도 대학 2학년 때 휴학해 다시 공부하고 이화여대에는 들어갔지만 방송사 입사가 안 될 것도 대비해서 사범대를 선택했다. 만약 앵커가 안 된다면 그 다음 갈 곳이라도 '찜'해두자는 심산이었다. 물론 대학 2학년 때 이 야무진 꿈은 포기해야 했지만 말이다. 고시라는 말이 붙을 정도로 어려운 언론고시와 임용고시를 동시에 준비하는 건 천재에게나 가능해보였다.

어쨌든 이 전략적 선택과 도전은 훗날 내가 겪게 될 수많은 시련을 견디낼 힘이 되어준 것 같다. 만약 내가 원하는 대학에 못 갔다 해도 내 선택을 믿고 끝까지 밀어붙여 본 경험이 남았을 테니 말이다.

남들보다 조금 늦었을지 모르지만, 그 선택은 내 몫. 그 결과까지도 받아들일 준비가 돼 있다면 도전하는 게 맞다.

취업의 문턱

　이화여대에 입학한 것은 단순한 변화가 아니었다. 그것은 꿈을 향한 여정에서 내 첫 번째 선택의 결과이자, 처음으로 얻은 나만의 구체적인 '자격'이었다. 막연한 열정만으로는 채울 수 없었던 이력서의 첫 줄을 내 손으로 직접 써넣을 게 생겼다는 자부심이랄까. 달랑 한 줄이었지만 그 한 줄은 엄청난 자신감과 동시에 무거운 책임감도 안겨주었다. 이제 더 이상 물러설 곳이 없다는, 이 기회를 반드시 살려내야만 한다는 비장함 같은 것 말이다.

　캠퍼스 생활은 낭만적이었지만, 그 낭만에 취해 있을 틈은 없었다. 의대도 아닌 대학을 6년 다닌다는 부담감, 그리고 등록금으로 부모님께 더 폐를 끼칠 수 없다는 마음도 컸기에 장학금을 받아야 했고, 다시 대학생이 된 만큼 또 생활비도 벌어야 했다. 게다가 방송사에 입사하기 위해 치러야 할 시험도 삼수는 안 되고 재수까지만 가능했다. 입사 자격이 두 번밖에는 안 주어진다는 부담감은 너무나 컸다.

일단 생활비를 벌어야 했다. 아버지께서 "대학생이 되면 더 이상 간섭을 안 한다. 대신 용돈도 없다"고 선언하셨기 때문이다. 그렇기 때문에 난 과외 2개, 동네 수학 학원 강사로 뛰었고, 과외 수가 줄어들기라도 하면 패스트푸드점에서도 일했다. 그 덕분에 돈을 많이 벌었다. 당시에는 몰랐지만 방송사에 입사해서 버는 돈보다 훨씬 많이 벌고 있었다. 어머니께 용돈을 드리고, 생활비를 해도 남는 돈은 주식에 투자했는데 그 시절에 3,000만 원을 모아 투자했다가 홀랑 다 잃은 적도 있다.

자동차도 샀다. 대학교 1학년이 무슨 차를 몰고 다니냐고 할 수도 있겠지만 돈을 벌기 위해서는 차가 꼭 필요했다. 고3 과외를 하려면 학생이 야간 학습까지 끝나고 집에 돌아오는 밤 10시쯤에야 수업을 시작할 수 있었다. 그럼 자정, 밤 12시에 끝나고 조금이라도 지체할 경우 내가 타야 할 마지막 버스가 끊긴 게 한두 번이 아니었기 때문이다. 이런 이유로 부모님께 차량을 사달라고 조르자, 부모님은 당시 80만 원짜리 '캐피탈'이라는 기다란 차를 사주셨다. 혹시 사고가 나도 앞뒤가 길면 사고에서 충격을 덜 받아 살아남는 데 도움이 되지 않을까 생각하셨기 때문이었다. 물론 조건이 붙었다. 앞으로의 유지 비용, 그러니까 기름값과 보험료 등을 내가 다 감당하는 조건이었다. 이런 조건하에서 내가 고른 것은 당연히 수동 변속기 차량이었다. 자동 변속기 차량은 기름을 많이 먹으니 나는 선택의 여지가 없었고 이후에도 습관이 되어 30대 초반까지 수동 변속기 차량을 운전했다.

그런데 문제가 생겼다. 그렇게 일을 많이 해서인지 장학금도 못 타게 되고, 너무 일과 학업에 몰두하다 보니 방송사 입사의 길은 못 가고 있는 것이었다. 정신이 번쩍 들었다. 내가 무엇 때문에 다시 공부했는데!!

그래서 과외를 한 개로 줄이고 강의료가 쏠쏠한 학원 강사 하나만 하기로 했지만 그래도 방송사 입사 준비를 할 시간은 녹록지 않았다. 그래서 '역시 사람은 쫓겨야 한다'는 내 신조대로 일을 저지르기로 했는데, 각 대학에 포진해 있는 친구들에게 방송사 스터디 그룹을 모은다는 방이 붙으면 알려달라고 부탁한 것이다. 스터디 그룹에 가입을 하면 좋든 싫든 입사 준비를 할 테니까 말이다.

그리고 난 대학교 3학년 때는 머리카락도 짧게 잘랐다. 1년에 한 번 정도 미장원을 가다 보니 머리 길이가 허리까지 오곤 했는데(귀찮아서 늘 하나로 땋고 다니는 바람에 별명이 '향단이'였다) 과감하게 커트를 한 것이다. 이유는 하나였다. 여성들이 머리카락을 자르기 싫다고 입사 시험 전날 자르는 경우가 많은데 그러면 '그 머리 모양은 자기 것이 아니다, 나에게 어울리지 않고 낯설 것'이라는 말을 강연에서 들은 것이다. 머리 모양이 완전히 자기 것이 되고 익숙해지기 위해선 시간이 필요하다는 말이었고, 그것이 옳다고 여긴 나는 대학교 3학년 이후로는 출산을 위해 잠시 머리를 길렀던 경험을 빼곤 지금까지 단 한 번도 머리카락을 길게 기른 적이 없다.

어찌 됐든 머리카락도 잘랐겠다, 과외도 정리했겠다, 이젠 공부만 하면 됐는데, 마침 서울대에 다니고 있던 친구로부터 연락이 왔다. 서울대 도서관에 붙어있는 '스터디 그룹 1명 결원, 그 결원을 뽑는다'는 내용이었다. 부리나케 전화를 했다. 전화를 받은 사람은 나에게 당시 신문에 나온 내용, 낯선 용어 등을 여러 가지 물어봤다. 나를 가르칠 선생님도 아니고 같이 공부할 사람으로서 기분은 좋지 않았지만 상대방은 그렇게 물어야 할 이유가 있었다. 언론사 시험을 준비하는 6명 중 1명이 안기부(지금의 국정원)에 입사하게 되면서 결원이 생겼는데 지금까지 공부해온 이력이 있기 때문에 혼자라도 공부를 하던 사람이어야 중간에 끼어도 자기들과 공부 속도를 맞출 수 있고, 그런 이유로 일명 '전화 면접'을 본 것이었다. 하루가 급하다고 느끼고 있던 나에겐 어쩌면 좋은 기회였다. 새로 스터디 그룹을 짜면 공부 방식을 정해야 하는데 그 시간을 줄일 수 있을 뿐 아니라 이미 공부를 하고 있던 준비된 집단에 들어가는 셈이니 말이다.

나 혼자 타대생이었기에 내가 서울대로 일주일에 한 번씩 가서 공부해야 했고, 처음엔 버거웠다. 공부량이 생각보다 많았고, 스터디 그룹 내 다른 인원들을 위해 매주 공부한 내용에서 시험 문제까지 만들어가야 했기 때문이다. 그런데 역시 난 쫓겨야 실행했다. 몇 주 지나고 보니 스터디 그룹이 모이기 전날이나 그 전전날 몰아서 공부를 하지, 조금씩 나눠 공부를 하지 않는 것이었다. 그럼 방법은 또 하나 밖에 없었다. 스터디 그룹을 하나 더 하는 것이었고, 그래서 이번엔 스터디 운용법을 아는 내가 이화여대 안에서 언론사 준비를 위한 스터디 그룹을 만들었다.

앵커가 되기 위해선 실기 시험도 봐야 한다. 이를 위해 이화여대 안에서 만든 스터디 그룹 친구들과 함께 모여 서로의 모습을 찍어주고, 냉정한 피드백도 주고받았다. 처음 카메라 앞에 섰을 때의 어색함과 두려움, 무엇보다 마이크를 통해 들리는 내 목소리가 너무 어색해 세상에서 내 자신이 사라져버렸으면 했던 그 비참함을 아직도 기억한다. 특히 당시 여자 앵커들의 꾀꼬리 같은 목소리와 달리 굵고 저음의 바닥을 기는 듯한 내 목소리는 치명적으로 느껴졌다. 친구들은 내게 슬쩍 기자 시험을 보는 게 어떠냐고 떠보기도 했지만, 당시 여성 앵커는 모두 기자가 아닌 아나운서였기에 난 포기할 수 없었다.

수년간 기자들의 리포트를 중점적으로 봐왔고 또 흉내 내서 그런지 내 멘트는 누가 들어도 '앵커의 것'이 아닌 '기자의 것'이었다. 이걸 고쳐야 했지만 난 방법을 몰랐다. 그래서 모방을 하기로 했다.

일단 내가 좋아하는 여자 앵커의 뉴스 시간대를 알아내 당시 집안에 있던 커다란 카세트 플레이어로 텔레비전에서 나오는 앵커의 목소리를 녹음했다. 마이크도 없이 녹음을 하려니 뒤가 두껍게 툭 튀어나온 브라운관 텔레비전에서 소리가 나오는 부분에, 공테이프를 넣은 카세트 플레이어를 바싹 갖다 대는 방식을 썼는데 가족들이 옆에서 소리를 내거나 건들기라도 하면 바깥소리가 너무 커 텔레비전 속 앵커의 목소리가 잘 들어가지 않았다. 그래서 녹음을 망친 날엔 다음날 그 앵커가 나오는 시간까지 기다려야 했지만 달리 방법이 없었다. 힘은 들었지만 신문 기사로 앵커 멘트를 연습하던 내겐 아주 훌륭한 방법이었다. 안 그래도 신문의 문어체와 방송사 앵커 멘트의 구어체가 많이 달라 고심하던 차에, 비록 테이프를 수십 번 돌려 들어야 했지만 방송사 앵커 멘트를 받아 적을 수 있었기 때문이었다. 이렇게 해서 난 방송사 앵커 멘트를 손에 넣을 수 있었고 여성 앵커의 숨소리까지 따라하며 내 앵커 멘트도 손볼 수 있었다. 텔레비전 앞에서 무거운 더블 카세트 플레이어를 비뚤게 드는 바람에 녹음이 잘 안 된 날, 동생이 나한테 몇 대 맞고 안 하겠다고 울었던 며칠을 빼곤 방송사 앵커 멘트도 조금씩 쌓여갔다.

이 과정을 거치며 내가 가장 중요하게 생각했던 것은 '진정성'이었다. 단순히 기술적으로 유창하게 말하는 것을 넘어, 나의 생각과 철학을 담아 말하는 연습이 필요했다. 미국의 저널리스트 에드워드 머로(Edward R. Murrow)도 "단지 유선과 조명으로 가득 찬 상자가 되는 것과, 세상을 바꾸는 힘이 되는 것 사이에는 엄청난 차이가 있다"고 말했듯이, 나는 전자가 아닌 후자가 되고 싶었다. 나의 목소리가 세상을 향한 진실한 울림이 되기를 소망했다. 그래서 연습할 때 최대한 인간적인 면을 부각하려고 애썼다.

그즈음 케이블TV가 생기기 시작했다. 텔레비전은 당연히 송

신탑에서 지상으로 직접 전파를 송출해 가정에서 안테나만으로 수신이 가능한 지상파만 생각하던 시절, 케이블을 이용해 수십 개의 방송을 볼 수 있다는 건 꿈 같은 일이었다. 공짜로 보던 지상파 방송과 달리 유료 방송이고 채널도 처음엔 30개밖에 없었지만, 내 능력을 검증해볼 만한 너무나 좋은 기회가 생긴 것이다.

그래서 모 케이블 방송사에 입사 지원을 했다. 대학가 뉴스를 가끔씩 전하는 프로그램을 진행할 아나운서를 뽑는 시험이었는데, 비록 정식 뉴스는 아니었지만 뉴스 형식을 띠었기에 너무나 해보고 싶은 프로그램이었다. 그런데 난 보기 좋게 떨어졌다. 준비도 많이 했고, 다른 지원자들보다 못한 게 없는 것 같았는데 떨어진 것이다. 난 담당자를 찾아가 물었다.

"제가 왜 떨어졌는지 여쭤봐도 될까요?"

"아니 김주하 씨는 자기 목소리를 모르는 겁니까?"

충격이었다. 목소리가 너무 낮은 중저음이라서 안 된다면 지상파 방송사 입사도 불 보듯 뻔한 것 아닌가? 목소리는 바꿀 수가 없으니 말이다.

그동안 내가 뭘 한 거지? 고등학교 때부터 꿈꿔왔고 방송사에 직접 연락했던 일, 다시 대학 시험을 본 일까지 다 헛된 일 같이 느껴졌다. 지금이라도 언론고시에서 임용고시로 방향을 바꿔야 하나? 하지만 그러기에는 너무 멀리 왔고 임용고시 자신도 없었다. 임용고시 준비를 위해 우리 과 친구들은 대학 2학년 때부터 학원을 다니며 공부하고 있었는데 내가 지금부터 준비한다고 될까. 여러 가지 고민과 걱정이 머리를 가득 메웠다.

포기할 순 없었다. 허탈감도 컸고, 좌절감도 견디기 힘들었지만 실패는 나에게 부족한 점이 무엇인지를 알려주는 가장 정확한 지표가 됐다. 내 문제점을 냉정하게 분석하는 것도 내 몫이다. 나는 내 문제점이 뭔지 정확하게 알았고 따라서 다음 도전을 위해 전략도 수정해야 했는데 타고난 목소리는? 이건 바꿀 수가 없지 않은가.

그러다 이화여대에서 열린 언론인 강연을 들었다. 당시 김동건 아나운서가 강연자로 나왔는데 난 기필코 내 고민에 대한 답을 얻어야 했다.

강연이 끝나고 질문 시간이 됐을 때 "질문~"이라는 말이 떨어지기가 무섭게 청중의 3분의 2, 아니 거의 다 저마다의 궁금증을 해소하기 위해 손을 들었다. 난 그 청중에 묻혀 도저히 질문을 할 수 없었다. 방법은 하나였다. 강연자가 날 보게 만드는 수밖에.

당시 강연을 하던 교실은 계단식으로 돼 있어 뒷자리로 갈수록 사람과 천장이 가까워지는 구조였다. 난 갖고 있던 철제 필통을 천장을 행해 던졌고 그 소리는 교실을 쩌렁 울릴 만큼 컸다. 결국 어쩔 수 없이 내게 집중하게 된 김동건 아나운서가 내게 질문 기회를 주었다.

"제 목소리도 아나운서가 될 수 있습니까?"

잠시 웃던 김동건 아나운서가 답했다.

"제 목소리는 어떻습니까? 좋습니까? 좋은 목소리, 나쁜 목소리는 없습니다. 어떻게 포장하느냐에 따라 목소리는 다르게 들리는 겁니다."

이건 틀린 말이 아니었다. 힘도 났고 앞으로 더 계속 전진해야 할 이유도 생겼다. 그렇지만 이론이 어찌 바로 생활이 되리요….

드디어 방송사 공채 시즌이 다가왔다. 밤을 새워 자기소개서를 쓰고, 이력서를 채워나가고 '김주하'라는 이름 석 자 아래, 그간 걸어온 길을 한 자 한 자 눌러 담았다. 사실 처음에는 매우 겸손하게(?) 썼었는데 당시 작가가 꿈이었던 동생이 보고는 화들짝 놀랐다. 이렇게 써서 누가 날 보고 싶어 하겠느냐고, 바로 서류 전형에서부터 떨어지고 싶냐고. 그리고 자기소개서는 '자신을 그럴듯하게 홍보하는 글'이라며 다시 써줬다. 내 성격과는 맞지 않았지만, 동생 말이 틀리지 않았기에 내 겸손은 실제 면접에서 보여주기로 하고 동생이 도와서 써준, 화려한 자기소개서를 제출했다. 사실 고등학교 신문반의 열정, 방송사에 걸었던 여러 통의 무모한 전화, 재수를 선택했던 결단 그리고 대학 시절의 치열했던 준비 과정까지 담았더라면 더 좋았겠지만 난 나이가 많다는 점이 가장 걸려 '방송사 입사에서 삼수를 할 수 있는가 없는가'에만 매달려 있었다.

"나이가 많으면 비슷한 실력자가 있을 경우 날 안 뽑을 텐데…."

이제는 나이로, 학벌로 차별하면 안 되는 세상이 됐지만 당시 나이는 입사 시험의 불문율 같은 것이었기에 내 생각이 틀린 건 아니었다. 실제로 입사 후에 한 선배가 날 바라보더니 "아니 몇 년이나 일을 시키려고 아줌마를 뽑은 거야?"라고 대놓고 말했을 정도니 말이다.

어쨌든 서류 전형에 합격했다는 통보를 받았을 때, 나는 세상을 다 얻은 것처럼 기뻤다. 수많은 관문 중 이제 겨우 첫 번째 문을 통과했을 뿐이었지만, 그간의 내 노력이 헛되지 않았음을 인정받은 것 같았기 때문이다. 난 내가 남들보다 특별히 더 똑똑하거나 더 뛰어난 재능을 가졌다고 생각하지 않기에 "친구 따라 그냥 와서 시험 봤는데 붙었어요~" 같은 말을 무척 싫어했지만 이건 내가 그런 재능이 없기에 자격지심에서 나온 말이란 걸 이젠 안다. 재능도 실력이니까.

그렇다고 무조건 노력하면 된다는 말도 좋아하지 않는다. 사람들이 "노력하면 다 된다"는 말을 듣고 싶어 하는 걸 알지만, 그건 거짓말이다. 예를 들어 하얀 가운을 입은 의사가 너무 멋져 보여서 의사가 뭘 해야 하는지, 무엇을 해야 의사가 되는지 알아보지도 않고 무조건 공부만 열심히 해서 의대에 붙었다고 치자. 그런데 알고 보니 나한테 혈액 공포증이 있다면? 사람에 대한 연민이 부족하다면? 그런 사람은 의사가 되어선 안 된다.

노력은 그 직업을 갖기 위해서도 필요하지만 그 직업이 내게 맞는지 알아보는 것부터 시작해야 하는 것이다. 그리고 그렇게 알아봤더니 그 직업이 더 좋고 매력적으로 느껴지며 나와 어울린다고 판단이 된다면 그때는 절실함으로 붙드는 게 맞다. 그 간절함,

반드시 꿈을 이루고야 말겠다는 마음. 그것이 당신의 꿈을 이루고 오늘을 버틸 힘이 되어줄 테니 말이다.

여의도의 공기

　방송사들은 서로를 견제한다. 조금이라도 나은 응시생이 타 방송사로 가는 것을 극도로 싫어하기에 조금이라도 먼저 입사 시험을 보려고 하고, 이 기조대로 당시 M사도 K사 입사 시험 날짜를 알아내자마자 바로 그보다 앞서 공시를 했다. 내가 입사 시험을 치른 해에는 국가적 IMF 위기로 S사는 신입사원을 뽑지 않았다. 문제는 M사 최종 면접일과 K사의 3차 시험일이 겹친다는 거였다.

　나와 함께 스터디를 했던 몇몇도 최종 시험에 붙었는데, 이들 대부분은 최종 시험을 보는 M사를 택하겠다고 했지만, 나는 어차피 두 방송사가 당시 같은 서울 여의도에 있겠다, 양쪽 다 시험을 보기로 했다. 만약 내가 K사 시험에 늦더라도 어떻게 해서든, 시험이 끝날 때까지 기다려서라도, 한 번만 기회를 달라고 매달릴

참이었다.

M사 최종 면접은 당시 사옥 맨 위 꼭대기 층에서 이뤄졌는데 내가 운이 좋았던 걸까. 기서회(서울 지역 4개 고등학교 신문반 모임으로 글을 쓰는 사람들의 모임이라는 뜻)의 선배 또한 PD 최종 면접을 위해 그곳에 와 있는 게 아닌가.

실기도 아니고, 필기도 아니고 그냥 '인성'을 본다는 최종 면접을 위해 난 아무것도 준비한 게 없었지만 기서회 선배는 당시 M사의 대표 이득렬 사장이 쓴 책을 읽고 사장의 관심 분야와 성품 등을 알아온 상태였다. 그에게 대략적으로 사장의 성향을 듣긴 했지만 오히려 그렇게까지 응시생들이 최종 면접을 준비했다고 생각하니, 보잘것없는 내 인성만 믿고 온 나는 손발에 더 힘이 빠지고 기운을 잃었다.

워낙 첫 면접에서 "현재의 대선 정국에 대해 논해보시오"라는 어려운 질문을 받아냈던 터라 최종 면접에서의 질문은 어렵지 않을 것이라는 내 예상은 빗나갔다. 잠시 후 최종 면접에 올라온 아나운서 응시생 6명은 여러 개의 공통 질문을 받고 각각 개별 질문을 받았는데 차라리 개별 질문이 낫다. 공통 질문에 대한 답은 6개가 아니기 때문에 4번째 앉은 나는, 앞에서 내가 준비한 답을 말해버릴 때를 대비해, 답을 더 많이 여러 개 준비해야 했기 때문이다. 물론 6번째 자리에 앉지 않은 것을 감사히 여기라고도 할 수 있지만 공통 질문에 대한 답은 오른쪽부터, 왼쪽부터 돌아가며 했으니 그게 그거다.

솔직히 응시자들의 답은 대부분 대동소이했다. 그런데 문제는 그 다음이었다. 개별 질문 시간이 왔는데, 내 다음 사람이 묻지도 않은 상황에서 내 질문에 대한 답을 한 것이다. 그것도 나와 완전히 반대되는 답을. 내게 주어진 질문은 당시 새롭게 도입된 텔레비전 대선 토론회와 관련된 것이었는데, 새로 도입됐고 사람들도 관심이 컸던 만큼 대선 후보들의 텔레비전 토론회를 K, M, S 방송 3사가 모두 카메라 워킹까지 똑같이 중계하고 있었고 이에 대해 어떻게 생각하는지 최종 면접에 온 나에게 물어본 직후였다. 방송사 한복판에 앉아 방송사가 틀린 선택을 한 것이라고 얘길 하는 게 맞을까 고민하다가 "전파 낭비입니다"라고 솔직하게 내 생각을 그대로 얘기했는데 내 다음 자리에 앉아 있던 응시생이 자기 질문에 대한 답을 하기에 앞서 "방송 3사가 같은 화면을 송출하는 것에는 이유가 있다. 그만큼 중요하기 때문이다. 방송사에는 시청자들을 계몽해야 할 의무도 있기에 지금 방송사들의 똑같은 대선 토론회 방송 생중계는 맞다"고 의견을 피력한 것이다. 순간 난 충격을 받았고 보기 좋게 한 방 맞았다고 여겼지만 반론을 할 수가 없었다. 발언권이 없었으니 말이다. 다시 내 차례가 오면 저 발언에 대한 반론을 제기할까, 하지만 그럼 한참 시간이 지난 뒤일 텐데 다른 사람들이 날 뒤끝 있다고 생각하지 않을까, 그렇다고 이렇게 당하고만 끝나면 안 될 텐데… 등 여러 생각이 스쳤지만 결국 난 '뒤끝 없는 응시자'가 되기로 했다.

최종 면접이 끝났고 난 최종 면접까지 같이 간 서울대 스터디 그룹 멤버에게 같이 K사까지 택시를 타고 가자고 제안했다. 하지만 그의 돌아온 답은 "난 M사에 합격이 된 것 같으니 굳이 K사까지 갈 필요가 없다. 그러니 점심을 먹으러 가겠다"는 것이었다. 면접을 너무나 잘 봐서 "자기가 뽑힐 것 같다"는 것이었는데 '뒤끝 없는 여자'로 남아 할 말을 다 하지 못하고 한 방 맞은 나는 할 수 없이 혼자 K사의 면접장으로 택시를 타고 달려갔다.

내가 막 도착했을 때는 내 바로 앞 번호 사람이 면접을 보기 직전이었다. 아직 내 차례가 안 온 것이다. 택시에서 내려 면접장까지 뛰어간 터라 땀범벅이었지만 제 시간에 면접을 볼 수 있다는 것이 기적이라 난 땀을 닦을 시간도 없이 바로 면접 준비를 했다. 면접에서 응시자들에게 주어진 과제는 '시청 앞 아침 7시 교통방송'을 해보라는 것이었는데 한 번은 쓴 것을 보고 하기, 또 한 번은 내가 쓴 것을 보지 않고 리포트를 해보는 것이었다.

땀 범벅에 아슬아슬하게 K사 면접장에 도착한 내 모습은 누가 봐도 '다른 방송사 입사 시험을 보고 왔다'였지만 난 그런 것에 신경을 쓸 여력도 없었다. 그리고 운이 좋았던 걸까. K사 시험도 통과했다.

당초 M사에서 뽑으려 한 아나운서 수는 남자 1명, 여자 1명이었다. 그런데 최종 면접에 들어간 응시생들은 남자 3명, 여자 6명이었다. 그럼 여자를 2명 뽑는다는 의미인가? 실제로 원래 계획과 달리 남자 1명, 여자 2명을 뽑았다. 사실 그래서 운이 좋아 내가 뽑힌 게 아닌가 싶은 생각을 오랫동안 갖고 있었는데 먼 훗날 이득렬 사장이 돌아가시고도 한참 뒤, 그 최종 면접 자리에 참석했던 한 기자 출신 선배에게 들은 이야기는 달랐다. 최종 면접일까지 난 열심히 목소리만 포장(?)하면 되는 줄 알았는데 내 외모도 문제가 됐었던 것이다. 당시 뉴스 앵커들은 꾀꼬리 같은 목소리에 볼이 통통한, 그래서 조금 어려 보이기도 하는 얼굴형을 선호하고 있었다. 실제로 당시 앵커들의 이미지를 보면 몸은 날씬한데 얼굴엔 다들 조금씩 볼살이 있는 여성 앵커들이 대다수다. 그런데 당시 내 얼굴은 그와 완전히 반대, 그야말로 뾰족했던 것이다. 그래서 최종 면접 후 시험관들 대부분은 내 입사를 반대했는데 이득렬 사장만 달랐다고 한다. "앞으로는 저런 얼굴형이 통하는 사회가 온다. 저런 얼굴이 앞으로 M사의 10년을 먹여 살릴 수 있다"고 해 내가 최종 면접을 통과했다는 얘기였다.

그때뿐 아니라 지금까지도 난 이득렬 사장님과 개인적으로 대화를 나눠본 적이 없고, 심지어 사장실 전화번호도 모른다. 그 얘기를 들은 날 밤, 비록 돌아가시고도 한참 지난 뒤였지만 난 이득렬 사장께 감사하고 그의 영혼을 위해 기도했다.

사실 지금 생각해봐도 난 내가 어떻게 합격을 했는지 의아하다. 지원자들은 수려한 외모, 유창한 외국어 실력, 화려한 경력 등 모두 저마다의 분야에서 최고라 불리는 인재들이었고 그래서인지 그들 옆에 있는 것만으로도 주눅이 들었으며 그에 비하면 난 그저 꿈 하나만을 가지고 달려온 평범한 대학생에 불과했기 때문이다. 게다가 목소리도 안 좋고 생김새까지 방송사에서 원하는 스타일이 아니었으니 기적이 맞긴 맞다.

　M사에서 최종 합격 전화를 받은 날, 남아있는 K사 시험을 본다면 합격은 취소라는 기분 좋은 협박을 받고 집에 돌아와 가족들과 눈물을 흘렸다. 집에서 미리 방송사의 합격 소식을 들은 아버지는 내게 다시 한 번 확인을 하라고 요구하실 만큼 가족들은 내 합격 소식을 못 미더워했다. 이제는 고등학생이 만드는 '신문 쪼가리'가 아니라, 진짜 방송사의 일부가 되었다는 사실을 인정하기까지 꽤 시간이 걸린 것이다.

　그렇게 꿈에 그리던 여의도 방송사의 공기를 매일 마시게 되었지만 그 공기는 생각보다 더 치열하고 냉정했다. 꿈을 이룬 기쁨도 잠시, 몇 년 지난 후부터는 사표를 품 안에 넣고 다녀야 할 만큼 현실은 혹독했다.

"여성들은 남성들이 실패한 곳에서 성공해야 한다.
이것이 그들의 운명이다."

- **거트루드 스타인** *Gertrude Stein*

1997년 겨울, 마침내 꿈에 그리던 M사 합격 통지서를 받았다. 여의도 방송국에 첫발을 내딛던 날의 공기는 차가웠지만 가슴만은 뜨거웠는데, 그러나 꿈의 공간에서 마주한 현실은 녹록지 않았다. '여성 아나운서'라는 이름 앞에는 보이지 않는 수많은 제약과 편견이 존재했기 때문이다.

2장

유리 천장을 향하여

이력서의 첫 줄

1997년 11월, IMF 외환위기의 한파가 대한민국을 덮쳤을 때, '2,000 대 2'의 경쟁을 뚫고 기적처럼 방송사 아나운서가 되었다. 내 이력서에 처음으로 새겨진 'M사 아나운서' 한 줄의 문장은 지난 시간의 모든 고통을 보상받는 듯한 감격 그 자체였는데, 하지만 기쁨도 잠시, 입사한 방송국은 혹독한 구조조정의 칼바람이 불어닥치고 있었다. 신입사원의 패기보다는 생존의 절박함을 먼저 배워야 했다.

조직사회학에서 '조직 사회화(Organizational Socialization)'는 새로운 구성원이 조직의 문화, 규범, 가치관을 학습하고 적응해나가는 과정을 의미한다. 성공적인 사회화는 구성원의 조직 몰입도와 직무 만족도를 높이지만, 위기 상황에서의 사회화는 전혀 다른 양상으로 나타나는데 나의 신입 시절은 생존을 위한 '위기 적응'의 과정이었다. 화려한 스포트라이트를 꿈꾸며 입사했지만, 정작 내가 해야 할 일은 '이 암울한 시기에 왜 너희를 뽑아야 했는가'에 대한 해답을 행동으로 증명하는 것이었다.

실제로 입사해서 들어보니, 97사번은 뽑지 않으려다 뽑았다고 했다. 국가적 IMF 사태로 뽑지 말아야 하는데 채용 공고가 나간 바람에 어쩔 수 없이 뽑은 기수라며 말이다. 실제로 우리를 뽑은 뒤 2년 동안은 신입사원을 뽑지도 않았다. 최소한의 인력으로 최대의 효율을 내야 하는 살얼음판 같은 현실이 기다리고 있었던 것이다.

조직행동론의 '역할 명확성(Role Clarity)'은 구성원이 자신의 직무와 책임을 얼마나 명확하게 인지하고 있는지를 나타내는 개념이다. 역할 명확성이 높을수록 직무 스트레스가 줄고 성과가 향상된다. 혼란스러운 시기였지만, '신입 아나운서'라는 나의 역할은 분명했는데, 그것은 어떤 상황에서도 방송에 차질이 없도록 기본에 충실하는 것이었다. 특히 기억에 남는 것은 라디오 뉴스 진행이었다. TV와 달리 오직 목소리만으로 모든 것을 전달해야 하는 라디오는 '말의 힘'에 대해 다시 한번 생각하게 하는 계기가 되었다.

나는 궂은일도 마다하지 않으며, 하다못해 사무실 안에 있는 커다란 생수병이 비면 혼자 물이 가득 찬 생수병으로 바꿔 끼워가며, 누구보다 먼저 출근하고 가장 늦게 퇴근했고 그러면서 방송사의 공기를 익히려 노력했다. 이력서의 첫 줄이 부끄럽지 않은 사람이 되기 위해서 말이다.

달라진 목소리

잠깐 언급했지만 당시 내 목소리는 앵커에 전혀 적합하지 않았다. 뾰족한 얼굴이야 어쩔 수 없을지 모르지만 목소리를 위장, 변조하다시피 해서 방송사에 들어오긴 했는데, 문제는 그 다음이었다. 면접 시험이야 몇 시간 동안 하는 게 아니니 면접관을 속일 수 있겠지만 1~2시간 이어지는 프로그램에서도 시청자를 속일 수 있을까.

같이 입사한 신입 아나운서들에게는 주말 프로그램 등 출연이 이어졌지만 나에게는 그런 일이 없었고, 대신 새벽 라디오 방송을 하라는 명령이 떨어졌다. 1시간짜리 녹음 프로그램이었는데 지금도 제목을 잊을 수가 없다.

〈새벽이 아름다운 이유〉

그런데 내 목소리는 아름답지 않다. 되레 걸걸하다고 해야 할까. 처음에는 제목에 어울리게 하기 위해 예쁘장한 목소리로 한껏 꾸며 방송을 했지만, 그렇게 계속해서 내 목소리가 아닌 꾸민 목소리로 말할 수 있는 사람은 없다. 어느 정도 시간이 지나고 나면 자연스러운 내 목소리가 나올 수밖에.

당시엔 손으로 쓴 편지, 일명 팬레터가 유행하고 있었는데 어느 날 진한 군청색 편지지에 흰색 펜으로 쓴, 정말이지 글씨도 예쁜 편지가 도착했다. 막 라디오 녹음을 하고 온 터라 사무실 내 자리에서 편지를 뜯었는데 아뿔싸… 사연으로 꽉 채운 편지지 말미에 "오빠 목소리 너무 좋아요"라고 쓰여 있는 게 아닌가. 같이 편지를 보고 있던 옆자리 김완태 아나운서가 박장대소하며 편지를 아나운서국 전체에 돌렸고, 그 뒤 난 부장에게 불려가 혼났다.

"자고로 여자는 남자에게, 남자는 여자에게 인기가 있어야 오래가는 법인데 김주하 씨는 여자도 남자도 아닌 누구에게 좋다는 말을 들을 거야?"

그 뒤 한 여자 선배에게 붙들려 하루 한 시간씩 예쁘게 말하는 법을 배웠지만 아무리 포장을 해도 내 목소리는 예뻐지지 않았다. 다행히 회사에서도 새벽의 내 라디오 방송 목소리와 나를 매치시킨 이가 별로 없었던 덕분인지 난 오디션을 거쳐 〈아침뉴스〉를 맡게 되었다. 물론 예쁜 척한 목소리로 오디션을 통과했던 건데 〈아침뉴스〉는 당시 오전 6시부터 8시까지 장장 두 시간을 진행해야 하는 고된 프로그램 중에 하나였다. 그래서 목소리를 어떻게 감췄냐고? 못 감췄다. 오전 6시 '땡~' 하며 시작할 때는 예쁘고 가는 목소리로 말을 하지만 8시 끝날 때는 이미 내 목소리로 돌아온 상태…. 거의 남자 앵커 두 명이 뉴스를 진행하는 것 같다는 평가까지 받았지만… 어쩔 수 없지 않은가.

그런데 세상이 바뀌었다. 이젠 가느다랗고 예쁜 목소리보단 조금 굵지만 낮은 목소리가 신뢰받는다고 한다. 사실 중고등학교 시절 내가 전화를 받고 나면 아들이 있었느냐는 질문을 하도 많이 받아서 부모님은 "넌 전화받지 마"라고 말하셨다. 심지어 여동생은 전화를 받을 때 "언니인 줄 알았다"는 말을 들으면 내 목소리가 그렇게 안 좋냐며 울었던 기억이 아직 생생하다. 그런데 이제는 내 목소리가 좋다니….

세상은 참 요지경이다.

여자 아나운서라는 이름

여의도 M사는 거대한 유기체처럼 살아 움직이는 공간이었다. 복도를 스쳐가는 사람들의 걸음은 분주했고, 그들의 눈빛은 늘 무언가를 쫓고 있었다. 24시간 꺼지지 않는 보도국의 불빛과 자판 두드리는 소리, 편집실에서 새어나오는 고성 등 모든 것이 합쳐져 '방송사'라는 특유의 공기를 만들어냈다. 나는 그 치열하고 생동감 넘치는 공기를 사랑했지만, 동시에 그 공기 속에 스며 있는 보이지 않는 위계와 질서를 느껴야 했다.

조직 문화 연구의 대가인 에드거 샤인(Edgar Schein)은 조직 문화를 세 개의 수준으로 나누어 설명한다. 가장 표면적인 '인공물(Artifacts)', 그 아래의 '표방하는 가치(Espoused Values)', 그리고 가장 심층에 있는 '기본적인 암묵적 가정(Basic Underlying Assumptions)'. 내가 처음 접한 M사의 인공물은 분주함과 활기였지만, 그 이면에는 '보도국 중심의 남성적 위계질서'라는 강력한 암묵적 가정이 존재하고 있었다.

당시 방송사 문화 속에서 여자 아나운서는 종종 '뉴스의 꽃'이라 불렸다. 이 말은 칭찬처럼 들릴지 모르지만, 그 안에는 여성을 주체적인 저널리스트가 아닌, 남성 앵커 옆을 장식하는 보조적인 존재로 여기는 시선이 담겨 있다. 중요한 뉴스, 심층적인 보도, 날카로운 비판은 베테랑 남성 앵커의 몫으로 여겨졌다. 여자 앵커에게는 주로 생활 정보나 교양 프로그램 또는 가벼운 연성 뉴스가 주어졌었는데, 내가 꿈꾸던 앵커의 모습과는 거리가 멀어도 한참 멀었다. 세상을 분석하고, 진실을 파헤치고, 나만의 목소리로 세상에 질문을 던지는 진짜 언론인이 되고 싶었는데 말이다. 오죽하면 다들 예쁘게 보이려고 할 때 나는 나이들어 보이게 해달라고 분장실에 부탁을 했을까.

신입 시절, 선배들의 모습을 보며 많은 것을 배웠지만 동시에, 여성 선배들이 겪는 보이지 않는 한계와 차별도 목격했다. 결혼이나 출산을 하게 되면, 자연스럽게 메인 프로그램에서 밀려 낮 시간대 당시 사람들이 잘 보지 않던 뉴스로 자리를 옮겨야 하는 분위기도 존재했고 실력보다는 '여성'이라는 생물학적 조건이 그들의 커리어에 더 큰 영향을 미치는 것처럼 보였다.

그뿐만이 아니었다. 여성 앵커들은 남성 앵커보다 상대적으로 나이가 적은 경우가 대부분인데, 그래서인지 아이템 배치나 숫자에서도 차별을 받았다. 보통 뉴스 아이템 5~6개를 남성 앵커가 하고 그 뒤를 이어서 여성 앵커가 5~6개를 맡아서 하는데 남성 앵커가 "이 아이템은 남자인 내가 하는 게 좋겠다"라면서 갖고 가면 – 이것도 차별 중의 하나이지만 – 당연히 자신이 맡았던 아이템 중 한 개는 여성 앵커에게 넘겨야 하지 않을까. 하지만 큐시트(공연, 방송, 행사, 영화, TV 프로그램 등의 전체 진행 순서와 세부 사항, 시간 등 주요 정보를 한눈에 보기 쉽게 표로 정리한 문서)에서 그런 조정 없이 그냥 남성이 맡은 아이템만 늘어나는 것이다. 결국 남성 앵커가 2개의 아이템을 가져가서 남성이 7개의 아이템을 진행하고, 나는 3개의 아이템을 하는 경우가 허다했고, 어떤 날은 남성 앵커가 8개, 내가 2개를 하는 경우도 있었다. 앞 10분 정도만 중앙방송 분량을 틀고 나머지는 지방방송을 내보내는 지역방송사에선 여성 앵커를 아예 못 봤다고 항의 전화가 오기도 했지만, 보도국 분위기가 남성 중심인 곳에서 내가 할 수 있는 건 없었다. 내가 비스름하게라도 불만을 표하면 '욕심 많고 남성 앵커의 몫을 빼앗아 가려는 나쁜 여자 후배'라고만 욕을 먹었다.

결국 난 근본적인 고민에 빠지게 됐다. 왜 내가 그렇게까지 애써서 입사했지, 이런 꼴으로 존재하기 위해서? 내가 뭘 위해 그동안 노력해온 거지? 직장에서 남녀 차별을 몸소 겪으신 엄마 말씀대로 커피를 타지 않는, 누구나 'OO선생님'이라고 불리는, 남녀 차별이 없어 보이는 선생님이 되었다면 이런 일은 당할 필요가 없는 게 아니었을까. 이런 고민은 수년 간 계속됐고 결국 난 사직서를 써서 책상에 넣어두고는 눈물이 나는 날 꺼내 보며 제출을 할 것인가 말 것인가를 고민하곤 했다.

이렇게 불합리한 현실에 순응하고 싶지 않고 '여자 아나운서'라는 틀에 갇히는 대신, '앵커 김주하'라는 이름으로 서고 싶다는 소망이 간절했던 어느 날, 아나운서국 부장이 날 불렀다.

"김주하 씨, 다른 프로그램도 좀 해야겠어"

"네? 하지만 그 시간엔 편집회의에 들어가야 하는데요?"

"김주하 씨가 이걸 해야 후배들도 다른 프로그램에 나갈 수가 있단 말이야"

"하지만…"

"김주하 씨가 영원히 뉴스만 할 줄 알아?!"

억울했다. 뉴스만 하겠다는 게 아니었다. 지금 하고 있는 프로그램 준비를 못하면서, 지금 맡고 있는 프로그램에 집중하지 못하면서 다른 프로그램을 추가로 맡는다는 게 말이 될까. 의미가 없다는 생각이 들었지만 내 생각은 전혀 먹히질 않았다.

아나운서국 내에서의 압박과 보도국 내에서의 차별을 극복할 길은 하나뿐이었다. 실력으로 증명하는 수밖에. 남들보다 더 많이 공부하고, 더 철저하게 준비하고, 더 적극적으로 기회를 찾아 나서며 내가 맡은 작은 코너 하나에도 정말이지 밤을 새워가며 모든 것을 쏟아부었다.

하지만 벽은 높았다. 사회문제에 대한 날카로운 의견을 제시하면, "아나운서가 너무 드세다"는 평가가 돌아왔고 현장 취재에 대한 의욕을 보이면, "여자가 하기에는 힘든 일"이라는 걱정 섞인 만류에 부딪혔다. 나를 보호한다는 명분이었지만, 난 그 울타리가 답답했다. 이건 내가 원한 뉴스 앵커가, 내가 꿈꿔온 앵커가 아니었다.

결국 이런 분위기와 공기에 숨 막혀 하면서도, 동시에 그것을 깨뜨리고 싶은 강한 오기를 느꼈다. '꽃'이 아니라 '언론인'이 되고 싶었기에, 스튜디오의 내 자리에만 머물지 않았다. 일부러 보도국을 찾아가 기자 선배들과 어울리며 취재 현장의 이야기를 들었고, 뉴스가 만들어지는 과정을 어깨너머로 배웠다. 그런 노력 덕분인지 실제로 코너를 맡아 직접 취재도 하러 다니고 말이다. 나의 이런 행동을 못마땅하게 여기는 시선도 있었지만, 굴할 수는 없었다.

그렇게 아나운서실이라는 울타리를 넘어 보도국과 적극적으로 소통하고 협력하려고 노력했다. 내 나름대로 일종의 '경계 허물기(Boundary Spanning)'를 하려는 조직 내 활동으로도 볼 수 있을 것이다.

처음에는 이방인을 보는 듯한 시선으로 나를 대하던 기자 선배들도 나의 진심과 열정을 보며 조금씩 마음을 열어주기 시작했다. 나에게 취재의 기본과 기사 작성법을 가르쳐줬다. 나 또한 기사 하나하나, 그 기사를 쓴 기자를 일일이 찾아가 앵커 멘트를 확인하며 작성하는 등 서로에게 긍정적인 영향을 주었다. 지금도 이 습관은 그대로 있어서 20년이 지났어도 앵커 멘트를 작성할 때 의심 가는 부분이나 확인이 필요한 부분은 기자들에게 하나하나 다

묻곤 한다. 이 기사에 대해서는 그 방송사 보도국에서 그걸 취재한 기자 이상으로 잘 아는 사람은 없을 테니 말이다. 요즘은 통신이 발달해 일일이 기자를 직접 찾아갈 필요가 없으니 한결 편해졌긴 하다.

여의도 방송국의 공기는 나에게 두 가지를 가르쳐줬다. 하나는 현실의 벽이 얼마나 높고 견고한가 하는 것이고, 다른 하나는 그 벽을 넘어서기 위해서는 끊임없이 경계를 넘나들며 나 자신의 영토를 확장해야 한다는 것, 그 속에서 살아남는 것은 물론, 그 공기의 흐름을 바꾸는 사람이 되어야 한다는 것이다. 이 과정은 훗날 내가 아나운서에서 기자로, 그리고 최초의 메인 뉴스 여성 단독 앵커로 나아가는 길의 초석이 되었다고 나는 믿는다.

이러던 와중에 기회가 왔다. 회사에 공고가 붙은 것이다. 벌써 몇 번째였는데 늘 무심코 지나갔었지만 생각이 많으면 보인다고 했던가. 고민을 하던 중이라 그런지 눈에 띄었다.

'사내 전직 시험 공고'

전직

> "한 개인에게 가해지는 가장 잔인한 행위는,
> 그를 단지 하나의 상징으로만 취급하는 것이다."
>
> - **카를 융** *Carl Jung*

아나운서에서 기자로 전직하겠다고 선언했을 때, 방송국 내부는 그야말로 발칵 뒤집혔다. 그것은 마치 잘 닦인 왕도를 걷던 공주가 갑자기 가시밭길로 뛰어들겠다고 선언한 것과 같았다. 모두가 이해할 수 없다는 눈으로 바라봤고 동료 아나운서들은 "왜 굳이 그 힘든 길을 가려고 하느냐"며 안타까워했으며, 보도국의 기자 선배들은 "아나운서가 현장의 치열함을 알기나 하냐"며 코웃음을 치기도 했다. 한편으로는 "내 딸이라면, 몰라도 되는 험한 뒷세상 얘기를 직접 보고 경험하지 않게 하겠다", "그래도 진짜 보도국에서 인정받는 앵커가 되려면 기자가 되는 게 맞다"는 조언도 들렸다.

그들의 반응은 당연했다. 보통은 앵커가 되기 위해 애쓰지, 앵커가 된 이후에 기자가 되기 위해 애쓴 경우는 한 번도 없었기 때문이다.

아나운서는 방송사의 얼굴이요, 안정적이고, 우아하며, 존중받는 자리다. 반면에 기자는 특히 사건을 다루는 사회부 기자는 험하고 거친 현장을 누벼야 하는, 고된 '3D 직업'으로 통했기에 편안한 길을 버리고 사서 고생하려는 선택을 부모님과 가족을 포함해 아무도 이해하지 못했다. 하지만 '뉴스의 꽃'으로 남느니, 차라리 '현장의 잡초'가 되어 진실의 뿌리를 캐내는 게 맞다 싶으니 고민할 이유가 없었다. 내 손으로 직접 취재하고, 내 발로 현장을 뛰며, 내 목소리에 진짜 힘을 싣는다고 생각하니 오히려 더 마음이 조급해졌다.

회사에선 처음에 내 요청을 받아들이지 않았다. 수차례에 걸친 면담과 설득이 있었지만 난 끝내 사내 기자 전직 시험을 치뤘고, 솔직히 시험은 내게 그리 어렵지 않았다. 뉴스 앵커 멘트, 기사 작성 등은 내가 수없이 해오고 봐온 것이었기 때문에 무난히 시험을 통과할 수 있었고 그 해 그렇게 기자가 된 사람은 나를 포함해 총 3명이었다.

전직 시험을 통과한 뒤 회사에서는 내게 '사회부' 기자를 할 것인지 물었다. 그동안 3명의 아나운서가 기자로 전직을 한 적이 있는데, 사실 사회부 기자는 막내 기자들이 가서 훈련을 받는 곳이기에 전직을 했던 3명 모두 그 과정을 안 거쳤고 그렇기 때문에 나에게도 형식적으로 물어본 것이었다.

하지만 잠깐 언급했듯이 내가 기자로 전직한 이유는 타이틀을 따기 위해서가 아니었다. 내 손으로 취재를 해서 진짜 앵커가 되기 위해서였기에 고민 없이 사회부 경찰 기자가 되겠다고 했다.

"근데 김주하 씨는 앵커도 해야 해, 그런데 새벽 4시 출근을 하겠다고?"

"네!!"

목표가 정해지면 주변 부작용은 감내해야 한다. 보통은 방송이 있으면 일찍 자는 등 컨디션 관리에 들어가는 게 맞고 그게 시청자들에게도 옳은 일이었다. 그렇지만 난 야심 차게 고개를 끄덕였고 강서, 양천, 영등포, 구로 경찰서를 배당받았다. 그리고 바로 후회했다.

보통 사회부 경찰 기자는 기자가 된 직후 훈련을 받기 위해 오는 곳이기 때문에 경찰 기자로 온 타사 신입 기자들과 입사 7년 차인 나는 나이 차이도 많았다. 그걸 아는 경찰들도 내게 "아니 서른 살 넘어서 이게 웬 고생이랴"라면서 한여름엔 시원한 음료를, 한겨울엔 따뜻한 음료를 건네주곤 했다.

예리한 독자는 눈치채셨겠지만… 그렇다. 기자가 되는 훈련 과정이라고 해서 몇 달이면 끝날 줄 알았던 경찰 기자는 한여름과 한겨울을 넘어 또다시 한여름이 될 정도로 1년이 넘게 계속됐다.

신입 기자로서, 가장 혹독하다는 사회부 경찰팀에 배치되어 일명 '마와리'라고 불리는, 새벽의 경찰서 순회 취재 임무를 하기 위해선 매일 새벽 4시에 눈을 떠 캄캄한 어둠 속에서 옷을 챙겨 입고, 차가운 새벽 공기를 가르며 나가야 했다. 또한 그게 전부가 아니었다. 매일 이어지는 술자리 또한 내겐 시험이었다.

"도대체 새벽 2시에 집에 보내면 새벽 4시엔 출근을 해야 하는 사람은 어떻게 살란 말입니까?!"

"술 안 마시면 누가 못해? 매일 늦게 들어가 일찍 출근하는 것도 기자의 일이야"

"……."

할 말이 없었다.

이런 환경에서 경찰 기자들은 밤새 일어난 사건·사고들을 챙기고, 형사들에게서 단 한 줄의 정보라도 더 얻어내기 위해 사투를 벌인다. 잠에 취해 퉁명스러운 형사들의 냉대, 다른 언론사 기자들과의 보이지 않는 신경전 그리고 끔찍한 사건 현장의 참혹함. 그 모든 것이 이제 일상이 된 것이다.

이 가운데 특히 힘들었던 것은, '여자'이자 '전직 아나운서'라는 사실이 만들어내는 편견의 벽이었다. 남자 기자들이 대부분인 경찰서에서, 내가 기자실에 들어가면 갑자기 기자실은 조용해졌다. 그리고 그들은 몰랐겠지만 그들이 서로 주고받으며 연락한 내용이 돌고 돌아 내게 다시 오곤 했다. 그래서일까. 나는 늘 이방인 같다는 생각이 들었다.

"실물이 더 낫다", "오늘 의상은 어떻다", "어제 M사가 단독보도를 했는데 분명 형사과장이 김주하에게 단독을 줘서 보도하게 했을 것이다" 등등의 말도 있었고 "얼마나 버티나 보자"와 같은 비아냥거림도 있었기 때문이다. 아무래도 내가 곧 지쳐서 포기할 것이라고, 예쁘장한 얼굴에 어울리지 않는 험한 일을 감당하지 못할 것이라고 단정하는 듯했기에 난 더 이를 악물을 수밖에 없었다.

회사에서 왜 그렇게 길게 경찰 기자를 시켰을까. 지금 생각해 보면 그럴 수밖에 없었다. 출입처에선 보도자료를 나눠주곤 하는데 나는 평일 앵커를 맡고 있으니 평일에는 그 보도자료를 이용해 기사를 쓸 수가 없다. 그럼 일반 출입처는 배정 받기가 힘들고, 사회부에 있어야 평일이나 주말을 고를 필요없이 제약이 적어서 아무 때나 내보낼 수 있는 '카메라 출동' 같은 기획물을 만들 수 있을 확률이 크기 때문이다.

사실 모든 기사가 힘들겠지만 아무래도 기자가 처음부터 기획하는 기사가 만들기 힘들다. 오죽하면 후에 기자들에게 3~4주 정도의 시간을 주고 취재하게 해 그런 기획물만 내보내는 프로그램이 나왔겠는가.

어쨌든 사람들의 편견이 틀렸다는 것을 증명하기 위해, 누구보다 독하게 현장을 뛰었고 다른 기자들이 잠든 시간에도 홀로 경찰서를 지켰으며, 형사들에게 무시당해도 웃는 얼굴로 다가가 끈질기게 질문을 던졌다. 하이힐과 정장을 벗어던지고, 운동화와 점퍼 차림으로 사건 현장을 누비며 경찰서 소파에서 쪽잠을 자는 날도 부지기수였다.

그렇게 산 덕분일까. 대한민국을 발칵 뒤집을 만한 취재를 하게 되었다. 지금은 당연하게 여길 정도로 보편화된 OTP(one time password)를 도입하게 된 계기를 만들어낸 것이다.

이때 나는 '게이트키핑(Gatekeeping)' 이론의 힘을 실감했다. 뉴스 미디어가 수많은 정보 중 특정 뉴스를 선택하거나 배제하는 과정에서, 언론사 데스크의 판단은 절대적인 영향력을 행사하는데 이 과정에서 기자의 객관적 사실에 기반한 논리적인 설득이 아주 중요하다. 이 과정을 제대로 거쳐야 우리가 아는 기사가 작성되고 보도되기 때문이다.

어쨌든 나 또한 이 과정을 거친 뒤, 사다리차를 불러 전봇대에 올라가는 등 여러 취재 끝에 당시 보편화돼 있던 보안카드(카드 1장에 35-100개 정도의 숫자 쌍이 인쇄되어 있으며 은행에서 요청하는 특정 위치의 숫자를 입력하는 방식)가 이름과 달리 얼마나 보안에 취약한지 취재해냈다. 그도 그럴 것이 숫자를 누르면 다이얼의 버튼 소리가 다 다르게 나는데 이를 이용해 남이 들고 있는 보안카드를 통째 복사하는 방법을 쓰는 범죄 수법을 잡아낸 것이다. 결국 내 전화를 피하던 은행들과 금감원 등에서 내 보도 이후 보안카드를 대체하거나 OTP를 같이 쓰겠다고 발표하기에 이르렀다.

이 보도는 나에게 상까지 안겨줬고, 선배 기자가 다가와, "김 기자, 한 건 했네"라며 무심하게 툭 던진 그 한마디는 그동안 나의 힘들었던 시기를 다 잊게 해준, 그 어떤 칭찬보다 더 큰 위로와 격려가 되었다.

새벽의 기자 수첩 거기엔 해킹으로 수천만 원을 잃었다는 피해자의 눈물 어린 고백과 그럼에도 불구하고 은행들은 '나 몰라라' 한다는 하소연만 있는 게 아니었다. 잠 못 이루는 밤의 고단함, 현장의 비릿한 냄새 그리고 사람들의 차가운 시선이 빼곡히 기록돼 있다.

하지만 그곳에는 또한 진짜 기자가 되기 위해, 진짜 앵커가 되기 위해 편견의 벽을 넘어선 한 인간의 작은 승리도 녹아있다. 이 시절의 경험이 나를 더 단단한 사람으로, 그리고 더 깊은 눈을 가진 저널리스트로 만들어주었다는 것 또한 빼놓을 수 없다. 이제 세상의 화려한 모습뿐만 아니라, 그 이면에 가려진 어둡고 아픈 현실을 외면하지 않는 진짜 기자의 심장을 갖게 되었다고 혼자 되뇌었다.

독도, 그 바람의 한가운데서

"지도는 단지 지리를 나타내는 것이 아니다.
그것은 역사를, 권력을, 그리고 정체성을 나타낸다."

- **제러미 블랙** *Jeremy Black*, 역사학자

장인(匠人)과 도제(徒弟) 간의 관계를 통해 기술과 지식이 전수되는 사회 구조를 도제사회라고 한다. 중세 유럽의 길드 시스템에서 유래됐으며, 숙련된 장인이 젊은 제자에게 현장 실무와 삶의 태도를 가르치는 방식으로 이루어지는데 이런 도제식 교육은 의사, 군대, 기자 직군 등에서 지금도 이어지고 있다.

의과대학 졸업 후 인턴 과정을 거친 전공의는 특정 과목의 전문의가 되기 위해 지도전문의(교수 또는 선배 의사)의 지도 아래 진료, 수술 등 실제 의료 행위를 배우고 경험하고, 군인은 신병이 자대 배치를 받으면 선임(사수)이 지정되어 군 생활의 기본적인 규율, 임무 수행 방법 등을 가르치는데 기자도 마찬가지다. 이렇게 너무 엄격한 규율을 이해 못한 적도 있었지만 사선에서 '앞으로 나가!'를 외칠 때 군인들이 달려나가지 않으면 어떻게 되겠는가.

기자 또한 그렇다.

2005년 3월, 일본 시마네현이 '다케시마의 날' 조례를 일방적으로 통과시키면서 대한민국은 전체가 분노로 들끓고 있었다. 대한민국 독도는 더 이상 조용한 섬이 아니라 우리 국민의 자존심이자, 결코 양보할 수 없는 역사의 상징이 된 상태였다. 바로 그 격동의 시기, 독도 한가운데서 뉴스를 진행하라는 미션이 주어졌다.

위에서 잠깐 설명했지만 내가 속한 회사의 문화는 '명령이 내려지면 어떻게든 되게 한다'는 강력한 실행력을 중시하는 분위기였다. 물론 기술적인 어려움과 예측 불가능한 위험이 도사리고 있었지만, 독도 내에서의 최초 생방송은 그 자체로, 또한 일본을 향한 분노로 내 마음을 뜨겁게 했다. 저널리스트로서 역사의 현장, 그 가장 뜨거운 심장부로 뛰어들 수 있다는 사실도 한몫했다.

하지만 준비 과정부터가 전쟁이었다. 기상 전문가들은 동해의 변덕스러운 날씨와 높은 파도를 경고하며, 배가 접안하는 것조차 불투명하다고 했다. 기술팀은 수백 킬로그램에 달하는 무거운 통신 장비를 어떻게 그 척박한 섬으로 옮기냐고, 안정적인 생방송 신호를 송출할 수 있을지 난색을 보였다. 모든 조건이 '하지 말라'고 말하는 것 같았다.

하지만 물러설 수는 없었다. 이유는 단 하나, 기자 정신! 저널리스트로서 역사의 현장을 지켜야 한다는 사명감으로, 단순히 위험을 감수하는 차원의 문제가 아니었기 때문이다. 우리는 며칠을 고민하며 계획을 짜고, 모든 가능성을 점검했다.

그 전날 생방송 뉴스를 해야 했기에 미리 출발하지 못한 나는 생방송 당일에 울릉도에 닿기 위해 헬기를 탔다. 너무 시끄러워 옆 사람 소리가 하나도 들리지 않고 헬리콥터에 일부 가져가지 못한 기술진의 짐 무게를 고려해 메이크업과 헤어, 의상 담당자는커녕 프롬프터 담당도 같이 갈 수 없었지만 돌아보면 헬기로 울릉도까지 간 건 천국이었다.

기술진들은 버스로 포항까지 가서 거기서 울릉도까지 배를 타고 도착한 상태였는데 다들 뱃멀미에 장시간 이동으로 초주검이 되어 있었다. 그래도 '해야 한다'는 사명감으로, 그 상태로 울릉도에서 생방송 뉴스를 하고 그다음 날 새벽부터 또 독도로 출발해야 하는 그들을 두고 나 혼자 편하게 헬기를 타고 독도까지 간다는 건 양심에 찔렸다.

그런데… 이게 나의 잘못된 판단이었다. 돈을 아껴야 한다며 작은 오징어잡이 통통배를 빌려 타고 출발한 우리 팀은 거센 바닷바람과 높은 파도에 배 위에서 그야말로 이리 뒹굴고 저리 뒹굴었다. 그나마 작은 선장실을 배정받은 나 또한 심한 뱃멀미로 선장실을 나와 바다에 대고 구토하기에 바빴다.

3~4시간이면 도착한다던 독도에 5시간 반을 걸려 어렵게 첫발을 내디뎠을 때, 높은 파도와는 별개로 생각보다 날씨가 좋았다. 육지에서 느끼던 바람과는 차원이 다른, 거칠고 원초적인 생명의 외침 같은 바람 소리가 들렸다. 더불어 발밑에서는 수만 년의 역사를 품은 단단한 바위의 감촉이, 귓가에서는 쉴 새 없이 부

서지는 파도 소리와 괭이갈매기의 울음소리가 울려 퍼졌다. 그런 모습을 보자 나의 의무 또한 더 분명해졌다. 이 위대한 자연 앞에서 한없이 작은 인간이지만, 동시에 이 땅의 주인으로서 가슴 벅찬 자부심과, 독도의 이 바람, 이 바위, 이 갈매기의 울음소리를 그대로 전해야 했다.

방법은 하나, 내가 직접 독도를 돌아보며 취재해서 전하는 게 제일이다. 결국 나는 또다시 헬기를 탔다. 그리곤 이 바람, 바다, 새들의 소리를 전하기 위해 헬기의 문을 열고 거의 반은 헬기 밖으로 몸을 내민 채 리포트를 했다(헬기 문밖으로 몸을 내밀어야 하다 보니 안전벨트는 맬 수도 없었기에 '무슨 일이라도 나면 이건 분명 산재'라고 외치면서 말이다).

다음은 생방송 준비. 시시각각 다가오는 뉴스를 준비하기 위해 미끄러운 바위 위로 무거운 장비들을 옮기고, 거센 바람 속에서 위태롭게 케이블을 연결했다. 이때 K사, S사에서도 방송팀이 도착하고 있었는데 우리가 타고 온 배보다 월등히 큰 여객선(삼봉호)의 위용 앞에 기가 죽을 수밖에 없었지만 방송에선 절대 티를 낼 수 없었다.

사실 기가 죽을 일은 그것만이 아니었다. 타사 앵커들은 다들 의상팀, 메이크업팀에 프롬프터까지 갖고 온 상태였다. 아무것도 없이 혼자 달랑 와서 울릉도에서도, 독도에서도 단벌 신사처럼 옷 한 벌로 뉴스를 하는, 메이크업도 받지 못한 채 프롬프터도 없이 뉴스를 진행해야 하는 나와는 차원이 달라도 너무 달랐다.

문제는 그뿐만이 아니었다. 미리 큐시트를 받지 못한 우리는 독도에 있는 팩스나 인터넷 선을 빌려 쓸 작정이었는데 높은 파도와 좋지 못한 기상 사정으로 인터넷 연결이 됐다 안 됐다 반복하고 있었다. 큐시트 없이 내용도 모르고 뉴스를 진행한다? 상차림이 뭔지도 모르는 상황에서 남에게 밥을 떠먹여야 하는 처지가 된 것이다.

게다가 조명 발전기도 고장이 난 상태였다. 오징어잡이 배를 타고 오면서 파도가 배 안으로 들이치는 바람에 작동이 되지 않았던 건데, 동해 끝 독도에서 한밤중에 조명 없이 방송을 한다는 건 그냥 깜깜한 화면을 내보내겠다는 것이나 다름없는 말이었다. 당시 〈뉴스데스크〉는 밤 9시 정각에 시작하기에 K사와는 방송 시간이 겹쳐서 빌려 쓸 수가 없고, S사가 방송을 끝내고 빌려 쓰자니 다시 우리 쪽으로 재설치할 시간이 모자랐다.

이에 앞서 저녁 8시 15분에 나가는 〈뉴스데스크〉 예고도 저녁 7시 30분 이전에는 다 녹화를 해서 서울로 보내야 하는데(원래 〈뉴스데스크〉 예고 멘트는 여자 앵커가 썼다), 독도의 밤은 무섭게 빨리 온다. 순식간에 깜깜해지면 발전기도 없는 우리로서는 그냥 깜깜한 화면을 배경으로 찍어서 보내는 것과 다를 바가 없으니 빨리 녹화를 하는 수밖에 없다. 그런데 독도 소식이야 내가 있는 곳에서 쓸 수 있지만 나머지 뉴스는? 큐시트도 없는 상황에서 내가 어떤 뉴스가 있는 줄 알고, 그중에서 어떤 기사가 주요 뉴스가 될 줄 알고 예고 멘트를 쓴단 말인가.

하지만 사람의 능력은 무한하다고 했던가. 헬리콥터 착륙장 맨 끝 모퉁이 부분에서 전화가 걸리는 걸 확인한 우리 팀은 잘 들리지 않는, 수시로 전화가 끊기는 와중에도 예고 기사를 받아냈고, 그렇게 "뭐라고? 뭐라고??"를 수십 번 외치며 적어서 그런지 기사 내용이 머릿속에 확실히 각인 아닌 각인이 되며 한 번에 녹화를 끝내 서울로 송출했다.

그리고 마침내 카메라의 붉은 불이 켜지고, 거친 파도 소리를 배경으로 〈뉴스데스크〉 본방송 첫마디가 터져나왔다.

"이곳은 대한민국 동쪽 땅끝, 독도입니다."

독도는 단순한 섬이 아니다. 그곳은 우리의 역사 그 자체이며, 국민적 정체성이 걸린 상징적인 공간이다. 미디어 이론에서 말하는 '프레이밍 효과(Framing Effect)'는 언론이 특정 사안을 어떤 틀(frame)로 제시하느냐에 따라 대중의 인식이 달라지는 현상을 의미하는데 나는 독도 문제를 단순한 '영토 분쟁'이라는 갈등의 프레임이 아닌 '역사적 진실'과 '주권 수호'라는 당위성의 프레임으로 전달하고 싶었다. 그리고 그 가장 강력한 방법은 우리가 굳건히 지키고 있는 삶의 터전으로서의 독도를 직접 보여주는 것이라 믿었다.

그리고 이 단호한 목소리가 전파를 타는 순간, 그것은 더 이상 단순한 뉴스가 아니었다. 그것은 우리의 영토 주권을 세상에 선포하는 하나의 선언이자, 불의에 굴복하지 않겠다는 국민적 의지의 상징이기도 했다. 또한 우리 팀이 몸과 마음을 던진 결과물이기도 했다.

그렇다 해도 어떻게 우리 팀이 이 모든 난관을 뚫고 3사 중 가장 극찬을 받는 뉴스를 내보낼 수 있었을까. 처음엔 이해하지 못했던, 도제식 기자 교육 덕이 아니었을까.

평소 교육의 질이 선배 기자 개인의 역량과 인성에 따라 크게 좌우되고 비효율적인 관행이나 비인격적인 대우, 폭력적인 문화가 답습될 수 있다며 도제식 교육을 못마땅해했던 나도 독도에 다녀오고 난 뒤부터는 이런 불만이 쏙 들어갔다. 그리고 그 뒤로는, '오늘 의상이 예쁘다', '화장이 잘 받았다' 등 나의 외모에 대한 평가도 쏙 들어갔다.

최초의 이름들

사회학에서 말하는 '토크니즘(Tokenism)'은 소수 집단 구성원을 구색 맞추기 식으로만 포함시키는 현상을 의미한다. 1990년대 후반 방송사에서 여성, 특히 보도 분야의 여성은 '토큰(Token)'과 같은 존재였다. 소수의 여성 아나운서들은 그 자체로 주목의 대상이 되었지만, 그 주목은 종종 개인의 역량이 아닌 '여성'이라는 집단적 상징성에 기반했다. 나의 성공은 모든 여성 언론인의 성공으로 확대해석되고, 나의 작은 실수는 '역시 여자는 안 돼'라는 편견을 강화하는 빌미가 될 수 있었기에 이러한 압박감은 나를 끊임없이 자기 검열하게 만드는 족쇄가 되기도 했다.

2007년, M사 〈뉴스데스크〉의 단독 앵커로 발탁됐을 때, 방송계는 또 한번 술렁였다. 지금이야 여성 앵커가 메인이 되는 일이 흔해졌지만 그때까지도 저녁 메인 뉴스는 경험 많은 남성 앵커가 중심을 잡고, 젊은 여성 앵커가 보조하는 형태가 불문율처럼 여겨졌었기에, 여성이 단독으로 그 자리를 맡는다는 것은 하나의 혁명과도 같은 일이었다.

그 자리에 앉는 순간, 이제 난 단지 한 명의 '김주하'가 아니었다. 대한민국 여성 언론인을 대표하는 상징이자, 어깨 위에는 수많은 후배 여성들의 기대와, 여성 메인 앵커의 성공 혹은 실패를 예의 주시하는 수많은 사람의 시선이 쏠려 있었다. 내가 잘해내면 그것은 또 다른 여성에게 새로운 기회의 문을 열어주는 것이 될 터였지만 실패한다면, 그것은 "역시 여자는 안 돼"라는 편견을 다시 한 번 확인시켜주는 뼈아픈 선례로 남게 될 것이었다.

그 압박감은 상상을 초월했다. 처음에는 그런 것들을 이겨내는 것 또한 나의 일이라고 다독이려고 했는데, 타사 기자들의 문의가 빗발치니 그게 말처럼 쉽지 않았다. 내가 기자로 전직한다고 했을 때 쏟아진 관심과 비슷할 정도의 문의가 계속 들어오자 회사에서는 한 명 한 명 다 응대할 수 없으니 기자회견을 하라고 했고 10층 대회의실에서 기자들의 질문을 받았다.

남성이 많으면 당연히 남성 중심 문화가 조성된다. 불과 10여 년 전만 해도 여성 기자가 거의 없어 여성 화장실이 없고 남성 화장실만 나란히 2개가 있던 여의도 M본부 보도국에서 여성 메인 〈뉴스데스크〉 앵커가 생긴다는 건 엄청난 뉴스였기에 기자들의 관심이 쏟아졌고 질문도 많을 수밖에 없었다.

"남성 앵커가 메인이었을 때와 뭐가 어떻게 달라집니까?"

"뉴스 포맷은 어떻게 달라집니까?"

"뉴스 내용에는 어떻게 차이점을 두실 겁니까?"

앞이 깜깜했다. 솔직히 이런 내용의 질문은 내가 아니라 보도국장이 답을 해야 했는데 보도국에선 나 혼자 기자회견에 참가한 상태였다.

그 이후 내 고민은 더 커졌다. 그날 기자회견 이후 나온 기사들은 앞으로 변화될 〈뉴스데스크〉와 여성 메인 앵커에 대한 기대감으로 가득 차 있었는데 정작 보도국 내에선 별 변화가 없어 보였기 때문이다.

이대로 가다간 뉴스 세트도 그대로, 뉴스 포맷도 그대로…. 그냥 남녀 앵커에서 여성 앵커 혼자 하는 것 외엔 달라질 게 없었다. 결국 "또 튄다"는 말을 듣더라도 나설 수밖에 없어 당시 〈뉴스데스크〉 담당 차장을 찾아갔는데 돌아오는 답은 차가웠다.

"〈뉴스데스크〉 세트 공사 때문에 주말 뉴스 포맷까지 신경 쓸 겨를이 없다"는 것이었다. 이 말은 나를 더 충격에 빠지게 했다. 그동안은 두 개 있는 뉴스 스튜디오를 나눠 A 스튜디오에서는 〈뉴스데스크〉와 〈마감뉴스〉 등을, B 스튜디오에서는 〈아침뉴스〉와 〈930뉴스〉 등을 진행해 왔는데 한동안 모든 뉴스를 B 스튜디오에서 한다고? 그럼 오전 6시 〈아침뉴스〉부터 〈930뉴스〉, 〈정오뉴스〉, 오후 〈5시 뉴스〉, 저녁 〈630뉴스〉, 〈뉴스데스크〉, 〈마감뉴스〉까지 한 스튜디오에서 하는 것이다. 주말에도 마찬가지고 말이다. 당시엔 지금처럼 뒤 뉴스 배경화면을 마음껏 바꾸지도 못했기에 시청자 입장에서는 똑같은 장소에서 앵커만 바뀌는 것뿐이었는데(사실이 그랬다), 그럼 최초 〈뉴스데스크〉 단독 메인 여자 앵커의 뉴스 진행 소식은 왜 대대적으로 홍보를 한 것일까. 이렇게 타 언론사들의 관심이 많을 줄 몰랐던 것일까. 피가 말랐다.

당시 여의도 B 스튜디오는 문을 열고 들어가면 왼쪽에 뉴스를 할 수 있는 세트가 마련돼 있었고 시계 방향으로 그 오른쪽엔 대담을 나눌 수 있는 작은 소파와 탁자, 그리고 문 정면 쪽엔 날씨 진행을 할 수 있는 파란색 크로마키(Chroma key: 피사체를 단색 배경 앞에서 촬영한 뒤 그 배경 색상을 영상 편집 과정에서 제거하고 원하는 배경화면으로 대체하는 방식. 이를 통해 실제로 존재하지 않는 장소나 환경에 인물을 합성할 수 있다) 판이 있었으며 문 오른쪽엔 스포츠 중계를 할 수 있는 중계석이 마련돼 있었는데, 눈을 씻고 봐도 뉴스 세트 말고는 뉴스를 진행할 장소가 없었다. 소파에 앉아서 뉴스를 할 수도 없고 1시간짜리 뉴스를 몽땅 날씨를 하는 크로마키 판 앞에서 할 수도 없으니 말이다. 결국 남은 건 스포츠 중계석뿐이었다.

보도국장에게 달려갔다. 하지만 대답은 "나는 모른다"였다. 그도 그럴 것이, 보통 보도국에 스포츠부가 있는 줄 알지만 M사 같이 큰 회사의 경우는 스포츠국이 따로 있어 각종 스포츠 뉴스는 물론 스포츠 중계를 따로 맡기에 B 스튜디오 안의 스포츠 중계석은 보도국 소유가 아닌 스포츠국 소속이다.

이번에는 스포츠국으로 달려갔다. 하지만 대답은 또 '노'였다. 스포츠국에서 소유하고 있는 유일한 세트를 내어달라니 "너 미친

게 틀림없다"는 얘기였지만 난 미쳤다 해도 그 세트를 써야만 했다. 스포츠 중계도 생방송이고 주말 뉴스도 생방송이며, 주말 밤 9시에 중계를 할 일도 없을 것이라고 하루에도 몇 번씩 가서 매달린 게 통한 것일까. 뉴스 세트로 써도 좋다, 단, 사방에 붙어있는 'M○○스포츠'라는 글자는 떼지 말 것이라는 조건이었다. 스포츠국에서 유일하게 갖고 있는 세트가 사라져버릴 것을 우려한 듯했는데 일단 오케이 사인을 받았지만 고민은 이어졌다. '스포츠'라는 글자를 달고 일반 뉴스를 할 순 없으니 말이다.

글자를 안 떼고 글자를 사라지게 하는 방법은 뭐가 있을까. 답은 한 가지였다. 같은 색상으로 다른 글자를 그 위에 덧붙이는 것이다. 나는 M사 미술센터에 연락을 해서 'M○○뉴스'라는 글자를 같은 방식으로 제작해달라고 했고 뉴스 전이면 으레 'M○○스포츠'라고 사방에 붙은 글자 위에 새로 만든 글자판을 붙이게 했다.

이제 세트를 구했으니 포맷을 어떻게 바꾸는가가 다음 숙제였다. 뾰족한 방법이 생각나지 않았던 나는 해외 방송을 많이 참조했는데 그중 하나가 여성 앵커가 커다란 텔레비전을 옆에 두고 다리를 꼬고 앉아 진행하는 모습이었다. 당시 우리나라 정서상 다리를 꼬는 것까지는 못할지 몰라도 옆에 커다란 텔레비전 화면을 두고, 화면에 그 뉴스와 관련된 무언가를 띄우며 뉴스를 진행하는 건 그럴 듯해 보였다.

텔레비전 방송이 나오기까지 수많은 사람이 참여하는 건 모두가 안다. 하지만 그 많은 인원이 하나하나 반대를 하면 앞으로 나아갈 수가 없다. 이번엔 카메라 팀에서 반대했다.

텔레비전 속의 텔레비전에서 흔히들 볼 수 있는 할레이션(빛 번짐 현상)이 있을 것이라는 주장이었다. 결국 조명팀까지 불러와 어느 각도에서 어떻게 조명을 쏘고 카메라 위치를 잡으면 된다고 결론을 내렸는데 아뿔싸 또 한 가지 놓친 게 있었다. 카메라팀이 5교대라 한 팀을 설득시키고 나면 나머지 팀이 남는다는 점이었다. 또한 5교대를 하고 나면 다시 자기 차례가 돌아와도 기억이 가물가물할 게 뻔했다.

이렇게 5교대 팀을 한 팀씩 불러 의견 조율을 하고 어찌어찌 설득을 하고 나니 이젠 뉴스 내용이 문제였다. 최초 여성 〈뉴스데스크〉 메인 앵커가 나온다고 해서 보도국에서 특별한 뉴스를 준비하지 않을 것은 불을 보듯 뻔했기에 평일에는 이렇게 세트와 포맷을 고민하면서 취재에도 나서야 했다. 평일 뉴스를 하면서는 주말용 기사를 만들었는데, 주말 뉴스를 하면서도 앵커 출동 같은 주말용 기사를 만들어야 하는 게 아이러니했지만 내게 선택권은 없었다.

고민과 걱정의 대가였을까. 불행 중 다행히 첫 방송에 대한 평가는 나쁘지 않았다. 아니 오히려 내 편이 더 많이 생긴 듯했다. 비록 평일에 하루도 못 쉬고 주말까지 일을 해야 하는 시간이 대부분이었지만, 그래서 쓰러져 병원에 실려간 적도 있었지만 내 뉴스를 볼 누군가를 실망시키는 것보다는 나았을 것이라 확신한다.

뉴스의 편집자

"한 사람의 목소리가 방 전체를 바꿀 수 있다."

- 말랄라 유사프자이 *Malala Yousafzai*

이번엔 〈마감뉴스〉를 맡게 되었다. 당시 M사 〈마감뉴스〉는 동시간대 뉴스에서 최고 시청률을 자랑하고 있었지만 나는 마음에 들지 않았다. 메인 뉴스가 끝나고 약 2시간 뒤에 하는 뉴스라 그 2시간 내에 무슨 큰 일이 터지지 않는 한 메인 뉴스를 본 사람이라면 〈마감뉴스〉 내용이 별반 다르지 않기 때문이었다. 이 같은 문제를 해결하기 위해서 난 해외 소식을 이 잡듯 뒤졌다. 그 2시간 동안이 우리나라는 밤이지만 해외에서는 대낮일 수 있고 그럼 사건 사고가 터질 수 있기 때문에 뉴스거리가 생길 수 있는 것이다. 하지만 달랑 2시간 동안 무슨 일이 터지길 기대하는 것도 일종의 죄악이었다. 사건 사고는 좋은 일이 거의 없으니 말이다. 그래서 나는 전문가를 불러 인터뷰하는 시간을 가졌는데 한밤에, 그것도 밤 12시에 누군가를 불러 인터뷰한다는 게 쉽지 않았고, 그래서 점심 먹은 직후부터 인터뷰할 사람을 찾아 헤맸다. 뉴스이기에 그날 그날 핫한 사람을 불러야 하는데, 인터뷰를 할 사람이 저녁을 먹으며 한잔할 수도 있고(그렇게 술을 마시고 출연을 하면 음주방송이 된다) 금요일 밤이면 다음날 주말을 고려해 여행을 떠날 수도 있으니 미리미리 약속을 잡아놔야 하는 것이다.

하지만 이미 주말 뉴스용 포맷 및 세트를 한 번 만들어본 나로서는 욕심이 생겼다. 당시 해외에선 뉴스 앵커들이 가만히 앉아서 진행을 하는 게 아니라 서서 왔다 갔다 하며 진행하는 게 몇몇 있었는데 내 눈에도 그게 꽤 괜찮아 보였다.

문제는 〈마감뉴스〉도 혼자 진행한다는 것이었다. 그럼 같은 앵커, 같은 화면이 계속 반복돼 지루하게 느껴질 수 있기에 뒷배경이 움직여주면 그런 면이 좀 덜할 수 있을 것 같은데, 당시엔 지금 같은 기술이 없었다. 그냥 뒷배경은 한 색깔로만 유지하고 거기에 화면 합성 방식으로 DVE(Digital Video Effect: 디지털 영상 효과를 의미. 일반적으로 뉴스 앵커가 앉아서 진행을 할 때 다양한 그림이나 글씨를 넣은 상태로 옆 공중에 띄워진다)만 띄우는 형식이었을 때니 배경이 움직인다는 건 상상도 못하고 있었다.

"저 국장님…."

"또 왜?!"

"배경을 움직이게 하고 싶습니다. 또한 앵커가 일어서서 설명하는 포맷을 만들고 싶습니다."

"아니, 그건 다 돈이야, 몰라? 게다가 지금 우리 〈마감뉴스〉는 동시간대 뉴스 시청률 1위인데 그렇게까지 할 필요가 있어?"

당연한 반응이었지만 내가 보기에도 지루한 반복되는 뉴스를 시청자가 보게 하기 싫다는 읍소에 이어, 하루가 멀다 하고 쫓아가 사정해서인지 보도국장도 움직였다.

"좋아, 대신 돈이 안 드는 조건이야."

참 어려웠다. 배경이 움직이려면 업체를 찾아가야 하는데 돈이 안 들게 하라고?

결국 내 선택은 회사 내 '영상편집실'이었다. 매일 여러 뉴스의 DVE를 만들어내는 영상편집실은 정말이지 언제 가도 바쁘다. 그도 그럴 것이 남들이 다 자는 시간엔 〈아침뉴스〉 DVE를 만드는 등 24시간 일을 해야 하는 곳이기 때문이다. 이런 이유로 나 같은 사람이 나타나 또 다른 숙제를 주는 건 있을 수 없는 일이었지만 난 달리 길이 없었다.

매일 찾아갔다. 뉴스 배경이 너무 현란하면 정신이 없을 것이기에 별똥별이 떨어지듯 한두 개 불빛이 사선으로 내려오는 형식으로 만들어 달라고 요청했는데 영상편집 부장 입장에선 안 그래도 일이 많은 직원들의 원성이 불 보듯 뻔했다.

"안 된다고오. 주하 씨 나 좀 살려주라. 이건 매달려서 해도 한 달 이상이 걸리는 작업이라고…."

부장도 내게 읍소했지만 나도 어쩔 수 없었다.

"해주실 때까지 매일 올 거예요~"

"……."

웃는 얼굴에 침 못 뱉는다고 했던가. 영상편집실에선 결국 움직이는 뉴스 배경 화면을 만들어줬다.

이제 다음은 내가 서서 진행을 하는 것이었다. 이를 위해 살을 빼고 딱 달라붙는 드레시한 원피스를 입고 약간씩 움직이며 뉴스를 진행했는데 당시엔 파격적인 뉴스 진행 방식이었다. 이 평가는 포털 사이트 내 다음(Daum) 카페를 통해 볼 수 있었다. 다음 카페 중엔 언론인이 되고자 하는 사람들의 모임이 있었는데 하루 하나씩 뉴스를 모니터해서 올리는 게 그들만의 숙제인 듯했고, 아무래도 저녁에 일찍 집에 와서 뉴스를 모니터하기 힘들어서인지 〈마감뉴스〉, 특히 내가 진행하는 〈마감뉴스〉가 자주 모니터 대상이 된 것이다.

처음엔 반응이 별로였다. '어색하다', '정신없다' 등의 반응도 있었다. 그런데 한 달 뒤 반응이 바뀌었다. '참신하다', '외국 뉴스를 보는 듯하다', '같은 내용도 저렇게 진행하니 눈에 쏙 들어온다' 등 완전히 좋은 방향으로 바뀌어 있었다.

하지만 이 뉴스 포맷은 더 오래가지 못했다. "김주하가 너무 튀려고 한다, 뉴스가 안 보이고 김주하만 보인다"는 불만이 보도국 내에서 제기됐고 보도국장이 이를 받아들였기 때문이다.

〈마감뉴스〉를 하고 집에 가면 보통 새벽 2시, 그때 씻고 잘 준비를 한다. 그런데 생방송을 하고 나면 바로 잠이 잘 오지 않아 아침이 거의 다 될 때쯤 잠이 들기에 〈아침뉴스〉를 보기 힘들다. 그런데 〈마감뉴스〉 담당 부장이 내게 말했다.

2장 유리 천장을 향하여

"해도 너무 하지, 주하 씨가 얼마나 힘들게 만든 건데 그걸 〈아침뉴스〉로 갖고 가버려?"

알고 보니 내가 만든 포맷을 전부 〈아침뉴스〉로 갖고 갔던 것이다. 앵커가 서서 뉴스를 진행하는 방식까지 말이다. 내가 보도국장에게 가서 "아니 뉴스에서 서서 진행하는 건 정신없다면서요?"라고 따지자 국장은 이렇게 말했다.

"잠잘 준비하는 밤엔 정신없지만 아침은 활기찬 게 좋으니 어울려."

"……."

물론 지금 생각해도 억울하다. 하지만 이렇게 주말 뉴스와 〈마감뉴스〉를 거치는 동안 난 뉴스 세트를 만들고 포맷을 바꾸고 뉴스를 편집하는 편집자가 되어 있었다. '튀기 위해 저런다'고 손가락질을 하면서도 보도국에서는 은근히 '김주하라면 어떻게든 해낼 수 있다'는 좋은 선입견도 생겼고 말이다.

'줏대'라는 원칙

앵커라는 자리는 수많은 유혹과 압력에 노출되는 자리다. 권력은 회유의 손길을 내밀고, 자본은 달콤한 제안을 건네며, 대중이 듣고 싶은 이야기만 들으려 할 때 중심을 잃고 표류하지 않아야 하는 자리다.

나에게도 그런 유혹이 왔다. 처음에는 식사 자리를 갖자, 골프를 치자 등등으로 말이다. 하지만 그런 자리를 갖게 되면… 나는 나를 잘 안다. 그들에 대한 뉴스가 나올 때 난 참 난감해질 것이 뻔했다. 뉴스에 나온다는 건 대부분 좋지 않은 소식일 테고 그때마다 같이 식사하거나 골프를 친 친분으로 만약 기사의 방향을 약간만 틀어달라고, 빼달라고 요청을 해오면? 그것 또한 고역일 것이 뻔했다. 그래서 어느 순간부터 난 정재계 인사들과 만남을 갖지 않았다. 보통 사람들은 앵커는 많은 부류의 사람을 만날 테니 친구나 지인이 많을 것이라고 생각할 텐데 나는 예외였고 그래서 내 지인들은 수십 년 된 사람들이 대부분이다(물론 친분을 앞세우는 사람들을 이겨내고 오히려 그런 만남을 통해 뉴스거리를 얻어오는 앵커도 있다).

골프도 처음엔 뉴스에 나올 법한 사람들과만 안 치면 되지 싶었는데 거절에도 한계가 있는 법이다. "에이, 누구랑 쳤다고 캐디가 그러던데?" 이 말 한마디면 거절도 어렵기에 돈도 아낄 겸 아예 골프도 접었다. 골프를 치자고 유혹이 올 때 아예 골프를 안 친다고 하면 상대방도 더 이상 요청을 안 할 테고, 마침 그때쯤 일명 김영란법(부정청탁 및 금품 등 수수의 금지에 관한 법률의 별칭)이 통과돼 핑곗거리도 됐다. 2018년 당시 울산 경찰청장이었던 황운하 당시 청장이 경찰 협력단체인 '청소년 안전 추진위원회' 관계자들과 골프를 치고, 그 비용을 협력단체 측에서 냈다는 논란에 황 청장은 자신의 골프 비용을 협력단체 관계자가 계산한 것을 나중에 알게 되었으며, 돌아가는 길에 현금으로 15만 원을 돌려주었다고 해명했지만 전문가들이 직무 관련성이 있는 관계에서 비용을 주고받은 것 자체로도 김영란법 위반 가능성이 있다고 지적한 기사가 나왔다. 그것을 보며 '나중에라도 쳐야지' 하고 보관해뒀던 골프채마저 아예 갖다 버렸다. 사람들은 "네 비용은 네가 내면 되잖아"라고 했지만 당시 황 청장처럼 의혹의 당사자가 되는 것조차 피하는 게 나았다.

또한 앵커에겐 정치권의 손짓도 적지 않다. 나만 해도 '총선이 예정돼 있다'고만 하면 전화가 왔고 누군가 찾아왔다. 대선 때 캠

프에 참여해달라고도 연락이 왔다. 하지만 내가 원하는 건 정치권에 몸담는 게 아니었기에 다 딱 잘라 거절했는데 지금도 내가 뿌듯해하는 부분이 있다. 바로 여야 모두에게서 손짓을 받았다는 점이다. 뉴스를 보도할 때면 여야 양쪽에서 다 욕을 먹는 게 실상 다반사지만 이럴 때 보면 '아 내가 제대로 보도를 해왔구나' 싶다. 양쪽에서 다 손짓을 받는 건 그 어떤 앵커나 기자도 쉽지 않은 일이기 때문이다.

나에게 뉴스는 단순한 정보 전달이 아니었다. 그것은 세상을 비추는 거울이자, 역사를 기록하는 일이었기에 그 거울이 휘어져 있거나, 기록이 왜곡된다면 사회는 길을 잃게 될 것이고 그렇기에 앵커는 그 누구보다 단단한 '줏대'를 가지고 진실의 파수꾼 역할을 해야 한다.

사람들은 묻곤 한다. 시청률 때문에 고민되지 않느냐고. 매일 아침 일어나자마자 그 전날 시청률부터 확인할 정도로 당연히 고민하고 고심한다. 하지만 시청률을 올리는 방법을 모르는 건 아니다. 일단 남을 욕하면 된다. 자극적이고, 편을 갈라 싸움을 붙이면 사람들은 열광하니 말이다. 대학원 수업 때, 미국 어느 아침 뉴스에서 "매일 욕하며 싸우는 얘기를 듣는 게 짜증 난다"는 시청자들의 요청을 받아들여 아름다운 이야기만 보도했더니 시청률이 폭락했다는 교수님의 이야기를 들었을 정도로, 사람들이 원하는 바와 사람들이 실제 찾는 건 다르다.

진짜 언론은 무엇일까. 남들이 모두 칭찬할 때 의심의 눈초리를 보내고, 남들이 모두 욕할 때 다른 시선으로 바라봐주는 것, 그것이 진짜 언론의 사명이라고 할 수 있지 않을까. 하지만 아무도 안 보는 영화에, 아무도 안 찾는 책에 아무리 좋은 내용이 들어있다고 한들 무슨 의미가 있을까. 그래서 시청률 고민은 계속되는 것일지도 모르겠다.

2010년 3월 26일 백령도 인근 해상에서 발생한 대한민국 해군 초계함 PCC-772 천안함 침몰 사건은 밤 9시 22분쯤 발생했지만 보도가 들어온 건 〈뉴스데스크〉가 끝난 이후, 그러니까 내가 당시 진행하고 있는 〈마감뉴스〉 직전이었기에 기자들이 거의 다 퇴근하고 없는 보도국은 그야말로 난리가 났다. 그도 그럴 것이 승조원 104명 중 46명 전사, 58명 구조. 구조 작업 중 한주호 준위 순직 등 정말이지 엄청난 사건이 일어났기 때문이었다. 들어오는 소식이 별로 없었지만 마침 국방부를 출입했던 이성주 기자가 당직을 서고 있었고 비록 사진 한 장 없어 작은 장난감 모형배를 갖고 출연해 설명을 하는 게 전부였지만 내겐 구세주 같았다.

그런데 이 과정에서 확신에 찬 기자의 이야기를 듣게 되었다. 일반 사고가 아니라 어뢰에 의해 함정이 침몰을 했다는 내용이었다. 당시 나는 수십만 팔로워를 가진 트위터(현 엑스) 계정을 운영하고 있었고 트위터에 이 소식을 올렸는데 그게 문제가 됐다. 회사에서 왜 그걸 올렸냐고 다그친 것이다. 대한민국에서 가장 먼저 알렸으면 상은 못 받을망정 칭찬을 받을 줄 알았는데 결국 난 경위서까지 제출해야 했다.

진실을 보도했다고 해서 무조건 칭찬을 받는 것도 아니다.

"가장 잔인한 거짓말은 종종 침묵 속에서 행해진다."
- **로버트 루이스 스티븐슨** *Robert Louis Stevenson*

신뢰는 관계의 모든 것을 지탱하는 단 하나의 기둥이다. 그 기둥이 무너지는 순간, 우리가 함께 지은 가장 화려하고 견고해 보였던 성은 한낱 모래성처럼 힘없이 스러져 내린다. 완벽한 삶이라는 신기루가 걷힌 자리에 드러난 것은, 침묵과 기만으로 쌓아 올린 거대한 거짓의 성이었다.

3장

완벽한 삶이라는 신기루

첫 만남

따르릉~.

또 그 여자분이다. 벌써 몇 번째인지 모르겠다.

스마트폰의 대중화가 이뤄지기 전인 2002년에는 대부분 전화가 일반 유선으로 이뤄졌는데, 내 회사 책상 번호를 어떻게 알았는지 한 여성이 몇 년째 나를 만나고 싶다며 전화를 걸어오고 있었다.

당시 가장 '며느리 삼고 싶은 여성' 1위에 내 이름이 자주 오르내렸던 만큼 사실 나이 지긋한 여성분들이 자기 아들을 소개하고 싶다며 공개된 회사 이메일을 통해서나 사무실로 연락을 해오고 계셨던 터라 이번에도 그런 전화려니 했다. 그래서 그냥 받지 않고 끊으려 했는데(당시 내 지인들은 회사 책상 전화번호를 몰랐고 따라서 그쪽으로 거의 연락이 오지 않고 있었다), 옆 동료의 "그냥 좀 받아줘라, 일을 못할 지경이다"는 핀잔에 그날은 전화를 받았다.

전화 속 주인공은 본인이 1년에 몇 번 한국에 들어오는 미국 사는 여성이라고, 또한 내 팬이라고 밝혔다. 나는 '역시나' 하는 생각에 "아드님 있으시지요? 전 이런 식으로 누굴 만나고 싶지 않습니다"라며 정중히 거절했다. 그런데 이분은 조금 달랐다. 내가 〈아침뉴스〉를 할 때부터 팬이었다며 미국에 있을 때도 한국 뉴스를 틀어놓고 있는데 항상 내 뉴스를 봤고, 아들이 아닌 본인이 날 만나보는 게 소원이라고, 늙은이 소원 한 번만 들어달라며 다시는 이런 전화를 안 할 테니 한 번만 시간을 내어달라고 부탁했다.

잠시 고민 끝에 일주일 뒤 10분만 시간을 낼 수 있다니 그분은 뛸 듯이 기뻐했고, 난 일주일 뒤 편집회의에 들어가기 전 잠시 그분과 마주했다.

그런데 '역시나'였다. 자기 얘기를 하시던 그분은 본인에게 결혼 안 한 장성한 아들이 있다며 사진 한 장을 꺼냈다. 내 거절에도 불구하고 그분은 자기 아들이 미국에선 절실한 기독교 신자였는데 한국에 와선 교회에 나가지 않고 있다며 자기 아들을 교회로 인도해달라고 부탁했다. 자기는 미국에서 교회에 나가고 있지만 아들이 한국에 간 뒤 교회에 나가지 않고 있어 가슴이 아프다면서 말이다.

기독교인으로서 교회에 한 번만 같이 나가달라는 부탁을 거절하기가 쉽지 않았다. 하지만 내 휴대전화 번호를 주기도 난감했기에 내 책상 자리 번호를 주라고 하고는 헤어졌다.

그의 존재를 잊어가고 있을 무렵, 1년쯤 지났을까. 한참이 지나서야 그에게서 첫 번째 연락이 왔다. 그리고 한 뷔페 식당에서 만났다.

훤칠한 키에 서글서글한 미소를 가진 남성이었다. 외국계 증권사에 다닌다는 그의 직업은 지적이고 세련된 이미지를 주었다. 하지만 몇 번의 만남 이후 내 마음을 움직인 것은 그의 외모 외에도 나와의 관계가 틀어질 것 같은 순간이면 혼자 교회를 찾아 기도했다는 그의 마음이었다.

그런데 그의 외모를 보는 눈은 매우 까다로웠다. 어릴 적 사진을 보고 싶다며 내게 과거 사진을 요구했다. 나중에 알고 보니 내가 쌍꺼풀 수술 등 외적으로 손을 댄 부분이 있는지 확인하기 위해서였는데 내 어릴 적 사진을 보고 그는 매우 안심하는 듯했다.

그런데 사실 남자 외모를 따졌던 내게 이건 큰 형벌로 돌아왔다. 정작 그가 외적으로 손을 댄 사람이었던 것이다. "쌍꺼풀 수술한 것 같다"며 그의 눈에 난 칼자국에 대해 물어보면 신경질을 내고, 이마의 이상한 부분에 대해서도 물어보면 짜증을 내곤 했는데 후에 그를 오랫동안 알고 지내왔다는 분에게 그 이유를 들을 수 있었다. 그가 눈도 손대고 좁은 이마도 제모를 통해 넓혔다는 것이었다. '재산은 두고 가고 인물은 앞서간다(사실 이 속담은 재산 등 물질적인 것보다 사람이 살아가면서 쌓아온 인품, 선행, 업적 등이 더 중요하다는 교훈을 담고 있다)'는 신념 아닌 신념으로 남자 외모를 따져온 내가 이런 사람을 만났다는 게 어쩌면 아주 적절한 형벌이었으리라.

어쨌든 그는 내게 끈질기게 구애했다. 바쁘다는 핑계로 약속을 미뤄도, 포기하지 않고 기다려줬고 방송사 앞으로 찾아와 내 퇴근을 몇 시간이고 기다리는가 하면, 당시 내가 기자로 전직을 해서 앵커와 기자를 동시에 하느라 밥 먹을 시간도 없는 것을 알고는 소소한 간식도 싸오고, 도시락을 챙겨주기도 했다. 누군가에게 그런 호의를 받아본 적 없던 나에게 그런 열정적인 관심은 낯설면서도 가슴 뛰는 경험이었다.

처음에는 경계심도 있었다. 또 다른 목적을 가진 접근일 것이라 지레짐작하며 거리를 두기도 했지만 그의 꾸준하고 진심 어리게 보이는 모습 앞에서, 마음의 벽은 조금씩 허물어지기 시작했다. 그는 함께 성경 말씀을 나누며 삶의 고민을 이야기하고 내가 기도원을 간다고 하면 따라나섰다.

그는 완벽한 상대처럼 보였다. 유능한 금융인으로서의 지적인 면모, 아이처럼 순수한 신앙심, 그리고 나라는 사람 자체를 사랑해주는 열정까지. 나는 내 삶의 모든 퍼즐이 마침내 제자리를 찾아가는 듯한 기분을 느끼며 일에서의 성공과 더불어, 이제는 개인적인 삶의 행복까지 완성할 수 있다는 희망에 부풀었다.

늘 긴장하고 날을 세우며 살아야 했던 내가, 마침내 마음 편히 기댈 수 있는 단단한 어깨를 찾았다고 믿었다. 그가 하늘이 내게 보내주신 선물이라고, 내 고단한 삶에 대한 보상이라고 생각하며 다른 어떤 의심의 가능성도 애써 외면했다. 완벽한 신기루를 진짜 오아시스라고 굳게 믿어버린 것이다.

삶이 가장 눈부신 궤도 위를 달리고 있을 때, 그를 만난 나는 자만심이 넘쳐흘렀다. 지금 생각해보면 이혼이라는 사건은 내게 반드시 일어나야 할 일이었다. 생각해보라. 안 그래도 여대생이 '닮고 싶은 여자 1위'를 수년째 하고, 기자로 전직하고 나서 특종상 등을 타며 사회적으로 성공하고 있던 내가 실제로 나밖에 모르는 남편을 만났다면 내 콧대가 얼마나 높아졌겠는가.

그런데 그를 만나며 한 가지 이상한 점이 있었다. 그가 나에게 우리가 만나게 된 계기를 숨겨달라고 한 것이다. 기자들에게는 물론 자기 친구에게까지도, 굳이 어머니가 찾아와서 자신과 내가 만나게 된 사실을 말하지 말고, 그냥 교회에서 만나게 됐다고 해달라는 것이었다. 어머니의 끈질긴 전화와 요청으로 두 사람이 만나게 된 것도 특별하고 재미있는 스토리라고 숨길 이유가 없다며 그를 설득했지만, 그는 "어머니에게 모든 걸 맡기는 바보 남자가 되기 싫다"며 단호히 거절했다.

영화 같은 로맨스

그와의 만남이 세상에 알려졌을 때, 반응이 폭발적이었다. 대한민국에서 가장 신뢰받는 여성 앵커와 유능한 금융인의 만남. 언론은 앞다퉈 이 만남을 다뤘는데 '세기의 커플', '현대판 왕자와 공주'라 칭하며 축복했고 그 와중에 내 모든 이야기는 한편의 로맨틱 영화 시나리오처럼 소비되며 '어떻게 만났냐'는 질문 또한 수없이 받았다. 그와 그 어머니의 요청대로 난 그의 어머니가 찾아와 처음 그를 만나게 됐다는 이야기는 쏙 빼고 교회에서 만나게 됐다고 얘기했다.

그런데 어느 날 한 선배가 날 불렀다. 확실하진 않지만 그가 결혼 경력이 있다고 들었다며 알고 만나는 것이냐고 질문했다. 난 머리를 둔기로 맞은 기분이었고 그날 그를 찾아갔다. 그는 억울하다고 울었다. 입고 있던 셔츠를 본인 손으로 찢어가면서 말이다. 난 억울함을 표현하는 뜻으로 '옷을 찢었다'는 표현을 들어는 봤지만 실제로 본 건 처음이어서 너무나 당황했다. 동거는 한 적이 있지만 미국에서 그건 흔한 일이라는 설명이었는데 그게 사실이라면 사람들이 착각할 만했다. 그를 의심한 게 미안해 다시 꿰매볼까, 떨어진 단추를 주웠는데 단추만 떨어진 게 아니라 단추가 달려있는 옷감째 떨어져 나가 다시 붙이는 건 불가능했고, 그를 의심한 난 더 죄인이 되었다.

하지만 그 뒤로도 비슷한 얘기를 들었고 그 말에 상심한 나를 그는 이렇게 다독였다.

"미국에서 결혼 증명서를 받아 보여줄게. 거기엔 싱글로서 결혼을 한 건지 이혼 후에 결혼을 한 건지 다 나오니까. 나중에 그걸 보고 나한테 사과하면 돼."

결국 난 선배들의 우려를 뒤로 하고 대중의 기대를 받아들였다. 아니, 어쩌면 내 자신이 그 누구보다 더 간절히 그 동화가 현실이기를 바랐는지도 모르겠다. 나는 방송과 인터뷰를 통해 그에 대한 사랑과 신뢰를 숨기지 않았고 한 치의 오차도, 한 점의 그늘도 없어 보이는 행복한 풍경 속 주인공이 된 듯했다. 그 행복을 세상 사람들과 나누고 싶기까지 했다.

'서른 살이 넘도록 일만 하더니 저렇게 강하고 똑 부러지는 여성이 이제는 사랑을 만나 가정도 꾸리고 행복해지는구나.'

당시 서른 살이 넘어 결혼하는 건 노처녀 중 노처녀에 속했는데 서른두 살에 결혼, 그것도 일과 사랑이라는 두 마리 토끼를 모두 잡은 듯한 모습은 많은 여성에게 선망의 대상이자 또 한 번의 롤모델이 되었다. 쌓아 올린 성공이라는 성에, 이제 '행복한 가정'이라는 마지막 화룡점정이 찍히는 순간이었다. 설문조사에서 어머니들이 뽑은 '제1 며느릿감'의 이미지 또한 지켜지는 거였다.

2004년, 수많은 사람의 축복 속에서 결혼식을 올렸다. 순백의 웨딩드레스를 입고 그의 손을 잡고 버진로드를 걷는 순간은 인생의 가장 완벽한 순간 같았다. 이 행복이 결코 깨지지 않을 것이라고 믿으며 오직 장밋빛 미래만이 펼쳐져 있는 듯해 뿌듯하기까지 했다.

결혼 후의 삶도 대중이 기대했던 그대로 흘러가는 듯했다. 하지만 동화는 언제나 가장 아름다운 순간에 끝이 나는 법. "왕자님과 공주님은 오래오래 행복하게 살았답니다." 동화에서 그 뒷이야기를 들려주지 않는 이유는, 어쩌면 현실의 삶이란 동화처럼 단순하지 않기 때문일지도 모르겠다. 행복의 절정에서, 가장 눈부신 빛 아래에서, 누구도 눈치채지 못하는 가느다란 균열이 시작되고 있었다.

결혼 전 난 이미 기자로 전직을 한 상태였는데 사실 이때부터 그와 삐그덕거리기 시작했다. 기자에서 앵커가 되는 경우는 있지만 "이미 앵커가 됐는데 왜 기자로 전직을 하느냐"는 그의 반대가 거셌다. 그리고 지금도 바쁜데 기자까지 1인 2역을 하면 더 바빠질 게 뻔하고 그걸 감당할 수 있겠느냐는 주장이었다.

그의 "이미 앵커가 됐는데 왜 앵커에서 기자가 되고자 하는 것이냐"는 지적은 그 자체로 내가 전직을 하려는 의도를 전혀 이해하지 못하는 말이었다. '앵커'가 되는 게 목적이 아니라 '내가 되고 싶은 앵커'가 되겠다는 것이었는데, 내 꿈을 그는 전혀 이해하지 못했던 것이다.

지금 돌이켜보면, 그때도 분명 이상한 징후들이 있었다. 그의 과거에 대한 이야기 중 어딘가 앞뒤가 맞지 않는 부분들, 그의 가족들과의 미묘한 거리감, 그리고 가끔씩 그의 눈빛에 스치던 이해할 수 없는 그늘. 하지만 나는 아무리 가까운 사이라고 해도 알리고 싶지 않은 것이 있을 수 있고 그걸 캐지 않는 것 또한 배려라며 그 모든 것을 외면했다. 사랑이라는 이름으로, 믿음이라는 이름으로, 그 모든 의심의 싹을 잘라버린 것이다. 어쩌면 내가 만든 완벽한 그림에 흠집이 나는 것을 원치 않았던 것일 수도 있다.

내 삶은 가장 화려한 무대 위에서 펼쳐지는 연극과도 같았다. 관객들은 환호했지만, 무대 뒤편의 진실은 아무도 모르는 것처럼 말이다. 그 동화 같은 사랑 이야기가 사실은 비극의 서막이었음을 알아차린 사람은 아무도 없었다. 나 자신조차도 애써 외면하고 있었으니 말이다. 가장 완벽해 보이는 그림 속에 가장 깊은 상처가 숨어 있을 수 있다는 것을, 동화의 마지막 페이지는 때로 잔혹한 현실의 첫 페이지와 이어져 있다는 것을, 곧 내 삶으로 증명하게 되었다.

모두가 축복한 결혼

    2004년 가을, 인생에서 가장 눈부신 조명이 쏟아지는 단상 위에 섰다. 스튜디오의 차가운 조명이 아닌, 수많은 하객의 따뜻한 축복과 카메라 플래시 세례가 터져나오는 단상이었다. 내 결혼식은 개인의 행사를 넘어, 하나의 사회적인 이벤트가 되어 있었고 언론은 '세기의 결혼'이라는 타이틀을 붙였으며, 방송은 내 웨딩 사진을 연일 내보냈다. 사람들은 마치 자신들의 딸이나 동생이 결혼하는 것처럼, 진심 어린 축하와 기대를 보내줬다.

    주례 선생님의 목소리가 장엄하게 울려 퍼졌다. "검은 머리가 파뿌리가 될 때까지 서로를 사랑하고 아끼겠습니까?" 나는 수없이 반복해온 앵커의 목소리가 아니라, 온 마음을 다해 전하는 진심의 목소리로 "네"라고 답했다. 그 맹세가 내 삶의 가장 중요한 약속이 될 것이라고, 그리고 그 약속을 영원히 지킬 수 있을 것이라고 믿었으니까.

그의 손가락에 반지를 끼워주며 함께 아침을 맞고, 함께 저녁을 먹고, 함께 아이를 낳아 기르고, 함께 늙어가는 평범하지만 소중한 일상. 늘 치열하게 살아왔던 내게, 그 평범함은 가장 큰 축복처럼 느껴졌고 더 이상 혼자가 아니란 생각, 내 곁에는 나를 지켜주고, 나와 함께 세상의 모든 비바람을 막아줄 든든한 버팀목이 있다는 생각에 행복했다.

그런데 또 한 가지 이상한 점이 있었다. 남편 가족은 달랑 네 명뿐이었는데도 단 한 번도 다 같이 모인 적이 없다는 점이었다. 시아버지가 한국에 올 때면 시어머니가 미국에 가 있고 시어머니가 한국에 올 때면 시아버지가 미국에 가 있었다. 심지어 내 결혼식 날 시어머니와 시아버지가 한곳에 모여 하객들에게 인사를 하는 그 시간에도 두 사람은 눈을 마주치지도, 대화도 전혀 하지 않았으며 결혼식이 끝날 즈음엔 심지어 시아버지가 따로 내게 와 손을 꼭 잡으며 "이제 앞으로 보기 힘들 것 같다"고 한 것이다. 내가 이 말을 듣고 놀라 신랑에게 전했지만 신랑은 그냥 그 말을 못 들은 척했다.

그날, 세상에서 가장 행복한 신부였던 나는 이렇게 의심의 골이 생기기 시작했다. 하지만 지금 내 손을 잡은 이 남자가 그동안의 모든 노력을 보상해주는 축복이라는 믿음은 흔들고 싶지 않았다. 수많은 사람의 환호 속에서 새로운 삶을 향해 첫걸음을 내딛으며, 흩날리는 꽃가루와 축복의 말들 속에서, 그 길의 끝에 무엇이 기다리고 있는지, 그때는 상상조차 할 수 없었으니 말이다.

    그날의 결혼식 사진 속에서, 난 세상에서 가장 행복한 미소를 짓고 있다. 그 미소는 거짓이 아닌 진심이었지만 그 진심이 얼마나 연약한 기반 위에 서 있었는지를, 너무나 오랜 시간이 지난 후에야, 너무나 큰 대가를 치르고 나서야 깨닫게 됐다. 그날의 축복은, 어쩌면 내 인생에서 가장 잔인한 비극의 서막을 알리는 팡파르였을지도 모르겠다.

최고의 며느릿감

결혼과 함께, 내게는 '아내'라는 이름 외에 '며느리'라는 또 다른 이름이 주어졌다. 그리고 세상이 내게 붙여준 '최고의 며느릿감'이라는 타이틀에 맞게 살고 싶은 욕심이 컸다. 딸밖에 못 낳았다고 시댁으로부터 평생을 구박받으셔서 그런지 "너만큼은 남편 이상으로 시부모와 관계가 좋아야 한다"며 신신당부하신 어머니의 소원과는 별개로 말이다.

특히 시어머니는 아들밖에 없어 그래 본 적이 없다며 며느리와 손잡고 쇼핑을 하거나 어딜 구경하러 가는 걸 좋아하셨는데 나 또한 그런 기쁨에 동참하는 게 좋았다. 또한 낮 시간에 어디를 가거나 뭘 할 시간이 없는 나는 시어머니와 함께 한밤중에 동대문시장 등을 돌아봤는데 백화점만 다닐 것 같은 아이가 검소하기까지 하다는 칭찬을 들으니 뿌듯하기도 했다.

그런데 며느리로서 이해하기 어려운 점이 있었다. 남편과 시어머니와 내가 차를 탈 때면 난 뒷자리였던 것이다. 보통은 부부가 같이 앞에 타고 뒷자리 상석에 부모가 앉는 게 자연스러운 일일 텐데 말이다. 내가 상석에 앉으니 좋은 게 아니냐고 되물을 수도 있겠지만 시어머니의 말이 좀 이상했다. 시어머니는 수시로 남편의 가슴과 팔뚝을 만지며 "넌 좋겠다, 이런 가슴과 팔에 안길 수 있어서"라며 날 부러워하는 눈치를 줬던 것이다. 남편은 가만히 있고 말이다. 내가 기분이 좀 이상해서 "제가 앞자리에 앉을게요, 뒷자리가 상석이에요"라고 하면 "난 멀미가 심해서 뒷자리에 못 앉아"라며 남편 옆 조수석 자리를 고수했다.

시어머니는 결혼 초 1년에 대여섯 번을 한국에 들어와 한 달 이상씩 집에 머물다 가셨고, 따라서 당연히 시어머니의 방도 따로 있었다. 그러던 어느 날 노크 후 그 방에 들어가는데 청바지를 입은 채 윗옷을 갈아입고 있던 시어머니가 양손으로 가슴을 가리며 "꺄악~" 하고 비명을 지른 일도 있었다. 난 너무 당황해서 "아니 속옷도 다 입고 있고, 또 이 집에 아들, 며느리밖에 없는데 왜 비명을 지르세요?"라고 물었고 시어머니는 "아들인 줄 알고"라고 답했다. 이 비슷한 일은 미국에서도 있었는데 미국 집에서 휴가를 보내고 있을 때 시어머니는 내게 우유 목욕을 하겠다며 1층 부엌에서 우유를 갖다 달라고 부탁한 적이 있다. 이때도 내가 우유를 갖고 욕실에 들어서자 "꺄악~!" 하고 또 양손으로 가슴을 가리며 소리를 질러 내가 "아니, 우유 갖다 달라고 하셨잖아요, 노크도 했는데…"라며 무안해했다.

지금 생각해보면 이 모든 게 이상했다. 남들에게 이 점에 대해 물으면 '어머니와 아들 관계가 아니라 마치 내외하는 여성과 남성 같다'라고까지 말했다.

이게 다가 아니었다. 시어머니는 자신이 화장 안 한 모습을 아들이 보는 것을 싫어해 입술을 붉게 하는 문신 등을 했고, 그뿐만 아니라 자신의 발이 예쁘지 않다고 아들이 뭐라고 하자 한동안 휜 양말을 신고 다녔다고, 결국 무지외반증을 수술도 했다고 말하기도 했다.

어느 날은 집에 와보니 모든 액자가 다 바뀌어 있는 일도 있었다. 분명 내 집인데 나에게 허락을 구하지도 않고 마음대로 사진을 뒤져 액자 사진을 다 바꿔버린 것이다. 기분이 좀 찝찝했지만 바쁜 나를 위해 일부러 환경미화를 해주셨거니 하고 넘겼고, 또 어떤 날은 시어머니가 여행용 화장품 세트를 쓰고 계시길래 "어? 그거 나도 있는데"라고 말하니, "이거 네 거야, 네 화장대에 있길래"라고 하기도 했다.

남편은 쇼핑을 좋아했다. 결혼하고 1년쯤 지났을 때 남편이 "당신은 언제 옷을 사?"라고 물은 적이 있다. 내가 옷을 사면 같이 가려고 기다리다가 지쳐 한 말이었다. 난 쇼핑을 잘 하지 않으니 신경 쓰지 말라고 한 뒤, 남편은 정말이지 무섭게 쇼핑을 했는데 이때 시어머니가 한 말을 잊을 수가 없다. "주하는 발목 스타킹도 3개를 돌아가며 쓰더라, 넌 무슨 남자가 그렇게 옷을 많이 사니?"

라고 말이다. 그때 '내가 스타킹 3개를 번갈아 쓰는 걸 어떻게 아셨지?'라는 의문이 든 건 이상한 걸까.

또한 어느 날은 시어머니가 "내가 준 편지를 왜 화장대에 넣어놨냐?"며 뭐라고 하신 적이 있었다. 그런데 그 편지는 화장대 서랍의 맨 안쪽 끝 벽에 붙어있었다. 일부러 화장대 서랍 맨 안쪽까지 열어 확인하지 않았다면 알 수 없는 내용이었기에 조금 소름이 끼쳤다.

재정적인 일에도 관여를 하셨다. 남편은 시어머니 이름으로 된 주식 계좌에 돈을 넣어뒀는데 시어머니와 남편이 관련 이야기를 하면 난 모르는 내용이라 물끄러미 바라볼 수밖에 없었다. 이게 훗날 내 발목을 잡을 줄은 꿈에도 생각 못하고 말이다.

그래도 난 친정어머니의 바람대로 좋은 며느리가 되고 싶었다. 남편이 결혼 전에 하루에 두 번씩 미국에 계신 어머니와 통화를 했다는 얘길 듣고는 하루 두 번 중 한 번은 내가 하겠다고 자청해 매일 전화를 드리며 그 바쁜 방송 생활 속에서도 틈틈이 안부를 여쭈었고, 집안의 대소사를 챙겼다.

조금 이상한 점이 있긴 했지만 시어머니 역시 처음에는 날 무척이나 아껴주셨다. 세상이 다 아는 유명 앵커가 자신의 며느리가 되었다는 사실을 무척 자랑스러워하셨고, 주변 사람들에게 내 칭찬을 아끼지 않았으며 무엇보다 "내가 집어온 며느리"라며 아들에게는 "네가 바람을 피우면 난 이 집 아파트 7층에서 뛰어내리겠다"고 선언하시기도 했다. 그때 그 말이 얼마나 내게 큰 위로가 되고 힘이 되었는지 모른다. 그 때문에 남편이 바람을 피웠을 때도 친정어머니가 아닌 시어머니에게만 알리는 바보 같은 짓까지 하는 우를 범하기도 했지만 말이다.

그래도 난 시어머니가 날 찾아와 자기 아들과 맺어준 걸 생각하면 큰 문제는 없을 것이라고, 의문스러운 점은 모두 덮고 갈 수 있을 것이라고 여겼다. 또 내가 더 노력하면 모든 것이 좋아질 것이라고 믿었다. '최고의 며느릿감'이라는 타이틀은, 내게 벗어던질 수 없는 왕관이자 동시에 무거운 짐이었던 걸까. 그 이름에 걸맞은 사람이 되기 위해 내 안의 의심과 불안을 억눌렀다.

지금 돌이켜보면 나는 너무나 순진했다. 혈연으로 맺어지지 않은 관계가 얼마나 쉽게 이해관계에 따라 변할 수 있는지를 알지 못했고 나를 딸처럼 여긴다던 그 따뜻한 미소 뒤에 어떤 차가운 계산이 숨어 있을 수 있는지 상상도 하지 못했다.

훗날, 가장 절망적인 순간에 놓였을 때, 날 가장 아프게 했던 것은 남편의 배신만이 아니었다. 그것은 그토록 믿고 의지했던 시어머니의 싸늘한 외면과 배신이었다. 나를 향해 "딸 같다"고 말하던 그 입으로, 나를 파렴치한 여자로 몰아세우는 것을 보며, 나는 인간에 대한 근본적인 신뢰를 잃어버렸다.

'최고의 며느릿감'이라는 신기루는 그렇게, 가장 잔인한 방식으로 깨어져갔다. 그리고 그 깨진 조각들 위에서 진짜 가족의 의미란 무엇인지, 그리고 진정한 신뢰란 어디에서 찾아야 하는지를 고통스럽게 다시 배워야만 했다.

첫아이 그리고 드러난 균열

　원래 첫아이는 2005년 후반기에 갖는 것이 목표였지만 그때쯤 새로운 변수가 생겼다. 2006년 독일 월드컵이다. 처음에 방송사에 입사하면 대부분은 정규 프로그램을 맡지 않기에 해외 출장을 많이들 가는데, 나는 입사 당시 IMF로 마땅한 해외 출장을 별로 다닌 적이 없었다. 나로서는 2002년 월드컵의 좋은 기억도 있으니 한 번도 못 가본 독일은 꼭 가고 싶은 출장지였다. 하지만 2005년 후반기에 아이를 갖게 되면 2006년 중반 쯤 아이를 낳게 될 것이고 그럼 독일 월드컵은 갈 수가 없다.

　계획을 변경하자고 했더니 남편은 노발대발했다. 그러고도 당신이 엄마 자격이 있느냐는 반발에 생각을 접었지만 아이를 가진 뒤로도 남편의 말대로 '월드컵 때문에 임신과 출산을 미루려고 했던 내가 엄마 자격이 있나' 하는 생각으로 고심했다. 심지어 남들은 아이에게 좋은 영향을 주기 위해 뱃속에 있을 때부터 태교를 한다는데 내 태교 방식은 '뉴스'가 전부였으니, 아이에게 좋은 태교는 고사하고 나쁜 소식만 내리 들려주는 형국이었기에 아이에게 더 미안했다.

뉴스는 좋은 소식이 거의 없다. 누가 누굴 죽이고 속이고 사기 치고 싸우고… 결국 내가 생각한 태교는 '수학'이었다. 난 첫째를 가졌을 당시 앵커 겸 경제부 기자로 '정보통신부'에 출입하고 있었는데 당시 정통부는 광화문 KT 건물에 2진이 머물고 있었고, 2진이었던 난 특별한 기사를 쓸 일이 없는 한 그곳 내 자리에서, 집에 와서는 주말에도 자기 전까지 미적분을 풀었다. 어딘가에서 수학이 태교에 도움이 된다는 말을 들은 것이다. 나는 다행히 입사 직전까지 수학 과외 선생님을 할 만큼 수학 실력이 나쁘지 않았고 근처 교보문고에서 고등학교 수학책을 사다 놓고 풀었는데 꽤나 재미있어서 시간 가는 줄 몰랐다.

첫아이를 품에 안았던 순간의 감격을 어떻게 잊을 수 있을까. 열 달 동안 소중히 키워온 작은 생명이, 우렁찬 울음소리와 함께 세상에 나온 그 순간, 이제야 비로소 삶의 모든 조각이 완벽하게 맞춰지는 듯했다. 일에서의 성공, 듬직한 남편 그리고 이제는 눈에 넣어도 아프지 않을 아이까지. 웬만한 여성이 꿈꿀 수 있는 모든 것을 가졌다고 생각했고 이 행복이 영원할 것이라는 믿음이 마음을 가득 채웠다.

문제는, 내가 출근을 해야 하는 만큼 아이를 키워줄 사람이 필요하다는 것이었다. 고민 끝에 결국 친정집 근처로 이사를 가기로 했다. 어디선가 열 아주머니보다 한 명의 가족이 낫다는 말을 들어 집에 보모를 둘지라도 편히 친정 식구들이 오고 가며 아이를 봐주길 바랐던 것이다.

그렇게 아이를 위해 이사를 결정하고 이사를 한 날, 시어머니 방에 있던 짐을 풀고 있던 중이었다. 시어머니 방에는 큰 옷장이 있었는데 이삿짐센터에서 제대로 옷을 정리한 상태로 넣지 않아 내가 하나씩 옷을 다시 개어 넣고 있는 와중에, 웬 겨울 내복을 넣어둬도 될 정도로 넓적한 상자 두 개가 나왔다. 그걸 열어보지 말았어야 했을까. 아이에게 세상의 좋은 것들만 보여주고, 가장 따뜻한 사랑만을 주고 싶었는데…. 그 상자 안에는 지금까지 내 결혼 생활을 모두 부정하는 내용이 담겨 있었다.

앞서 여러 사람들이 남편의 과거에 대해 의심의 눈길을 보내왔을 때 남편은 "미국에서 결혼 증명서를 받아 보여줄게. 거기엔 싱글로서 결혼을 한 건지 이혼 후에 결혼을 한 건지 다 나오니까, 나중에 그걸 보고 나한테 사과하면 돼"라고 했었다. 그리고 실제로 그는 결혼 후 미국에서 나와 결혼을 했다는 미국 정부의 결혼 증명서를 보여줬는데 거기엔 나와 남편이 모두 싱글로서, 그러니까 과거 결혼 경험 없이 결혼을 했다고 나와 있었고(과거 결혼을 했던 적이 있으면 'divorced'라고 적혀 있다). 그동안 그를 의심한 게 미안해 어쩔 줄 몰라 했었는데, 그 서류가 있었던 것이다.

그런데 총 석 장이 있었다. 나에게 보여준 복사본 그리고 다른

신랑이 이혼자라고 적힌 결혼증명서 원본

한 장은 남편 이름 옆에 'divorced'라고 적힌 금딱지 같은 미국 정부 표시가 붙은 원본, 또 한 장은 'divorced'라는 글자 위에 'single'이라는 글자 모양을 붙인 카피본이었다. 'single'이라는 글자를 붙인 카피본을 또 카피해 복사본인 것이 티 나지 않게 한 뒤 나에게 보여줬던 것이다.

서류는 이게 다가 아니었다. 그가 전 부인과 이혼한 날짜도 적혀 있었는데 불과 나와 결혼 한 달 전에 이혼을 했다고 증명서는

3장 완벽한 삶이라는 신기루 123

말하고 있었다. 나는 혼란스러웠다. 그렇다면 시어머니는 아들이 유부남 상태였을 때 나에게 접근했고 "결혼 안 한 장성한 아들이 있다"고 한 것이었으니 말이다. 그리고 왜 남편과 시어머니가 그토록 "시어머니가 며느릿감을 찾아왔다고 하지 말아달라. 그냥 남편과 아내가 교회에서 만난 것으로 해달라"고 했는지 이해가 됐다. 그렇다면 남편에게 과거가 있다는 얘기를 들었다고 했을 때 남편이 옷감과 단추가 함께 떨어져 나갈 정도로 광분했던 일은? "나중에 서류를 보면 미안해서 어쩔 줄 몰라 할 것"이라고 호언장담한 건? 내 머릿속은 터져나갈 듯 했고 손과 발은 바르르 떨려왔다. 심지어 이 모든 일이 그가 유부남인 상태에서 벌어진 일이라는 게 납득되지 않았다.

그날 남편이 집에 돌아오자 나는 서류를 집어던지며 울고 또 따졌다. 그런데 그의 반응이 더 기가 찼다. "그래서 어쩌라고? 결혼을 물려?"라고 되물은 것이다. 그게 다가 아니었다. 그의 어머니와 아버지는 이미 오래전에 이혼한 상태였는데 우리 집안에서 그걸 알면 결혼을 반대할까 봐 숨긴 거였다. 왜 그동안 양가가 모두 모여 식사를 한 적이 없는지, 결혼식 날 시아버지가 내 손을 붙잡고 한 얘기 등 모든 것이 아귀가 맞아떨어졌다.

시어머니에게도 따졌다. 어떻게 그럴 수가 있느냐고. 그러자 이런 반응이 돌아왔다.

"네가 욕심나서~."

이 말도 덧붙였다.

"그래도 내 덕에 저런 멋진 남편을 얻었지 않니?"

그리고 이런 푸념도 늘어놨다.

"내가 그날(결혼식 날) 시아버지를 옆에 세우느라 무려 2만 불을 줬다는 거 아니야, 그런데 예식이 끝나자마자 쏙 가버려? 난 할 만큼 했어."

찬란한 행복의 정점에서 세상은 송두리째 무너져 내렸고 그 순간 세상의 모든 소리가 멎는 듯했다. 눈앞이 캄캄해지고, 숨을 쉴 수 없는 배신감에 심장은 멎는 듯했으며 지난 시간들이 주마등처럼 스쳐 지나갔다. 사랑한다고 속삭이던 그의 목소리, 영원을 약속하던 그의 눈빛, 함께 그렸던 미래의 풍경들. 그 모든 것이 한순간에 거짓의 파편이 되어 흩어졌다. 내가 굳게 믿었던 사랑, 결혼, 가정이 모두 거대한 사기극 위에 세워진 모래성이었다.

내 인생이 통째로 부정당하는 듯한 절망감도 있었다. 세상의 진실을 전해야 하는 앵커로서, 정작 자기 삶에 놓인 가장 치명적인 거짓을 알아채지 못했다는 사실은 내 자존감마저 뿌리부터 뒤흔들었다. '헛똑똑이'란 말이 이처럼 잘 어울리는 여자가 이 세상에 또 있을까.

하지만 누구에게도 말할 수 없었다. 대한민국 최고의 자리에 있는 내게, 남편의 기만으로 얼룩진 결혼 생활은 감당하기 힘든 수치였다. 대중의 선망을 받던 완벽한 아이콘의 삶이, 실은 기만으로 시작됐다는 것을 도저히 고백할 수가 없었다. 갓 태어난 아이를 품에 안고, 부모님에게도 이 일을 숨긴 채 그 지옥 같은 진실을 삼켜야 했다.

 그날 이후, 내 삶은 이전과 같을 수 없었다. 한 번 금이 간 신뢰의 그릇은 다시 붙일 수 없었다. 깨진 조각들을 애써 그러모아 겉모습은 유지할 수 있을지 몰라도, 그 안에는 무엇도 담을 수 없었다. 겉으로 웃고 있었지만 마음속으로는 울고, 카메라 앞에서는 당당했지만, 등 뒤에서는 외로움, 기만과 싸워야 했다.

 이것이 내가 겪어야 했던 모든 시련의 시작점이었다. 이 근원적인 배신은 훗날 이어질 폭력과 외도, 그리고 지리한 법정 싸움의 씨앗이 되었다. 믿음이 사라진 자리에 남는 것은 의심과 원망뿐이며, 그 독은 서서히 관계 전체를 병들게 하기 때문이다.

 믿었던 사람에게 배신당했을 때 그 사람을 원망하지만 더 깊은 상처는, 그런 사람을 믿었던 나 자신을 향한 실망에서 비롯된다. 나 역시 그랬다. 세상에서 가장 날카로운 눈을 가졌다고 믿었던 내가, 가장 기본적인 진실 앞에서 눈뜬장님이었다는 사실을 받아들이는 게 몹시 고통스러웠다. 갓 태어난 아이를 위해서, 그리고 무너진 나 자신을 위해서 일어나려고 했지만 진심 어린 사과마저 없는 상황에서 마음속에 박힌 배신의 가시는 결코 빠지지 않았다. 그 가시는 오랫동안 나를 괴롭히며, 내 삶에 짙은 그림자를 드리웠지만 근본적인 상황이 바뀌지 않으니 겉으로만 웃을 뿐이었다.

 동화는 그렇게, 첫 장부터 비극으로 다시 쓰이고 있었다. 완벽해 보였던 내 삶의 신기루는, 그렇게 한순간에 사라져 버렸다.

드러나기 시작한 폭력성

"폭력은 힘의 표현이 아니라, 힘의 부재를 드러내는 것이다."

- 에리히 프롬 *Erich Fromm*

첫아이를 낳고 얼마 뒤 나는 주말 뉴스 여성 단독 앵커로 활동하고 있었다. 앞서 잠깐 언급했다시피 회사에서는 홍보만 할 뿐 내용은 별반 신경을 쓰지 않았기에 난 평일부터 주말까지 주말 뉴스를 위해 매달려야 했고, 당연히 주말에 있는 경조사는 더욱더 신경을 쓸 수가 없었다.

그날은 남편 친구의 첫아들 돌잔치가 있는 날이었는데 뉴스를 끝내고 퇴근해 집에 돌아와 보니 거실에는 술병이 뒹굴고 있고 안방 문에는 구멍이 나 있는 게 아닌가. 방 안쪽이 훤히 다 보일 정도로 말이다.

"이거 누가 이랬어?"

황당해하며 묻는 내 질문에 남편이 답했다.

"내가. 화가 나서."

"왜?"

"사람들이 날 내 이름으로 부르지 않고 김주하 남편이라고 부르잖아!"

화가 난다고, 애가 있는데 안방 문을 주먹으로 쳐서 구멍을 낸 것이었다. 내가 다시 물었다.

"그럼 그렇게 사람들이 소개할 때 그 자리에서는 뭐라고 했어?"

"사람들 많은데 뭐라고 어떻게 얘길 해? 참고 그냥 왔지."

자기를 김주하 남편이라고 소개하는 친구 앞에서는 뭐라고 못 하고 집에 돌아와서 분노를 푼 것이다. 난 두 가지 생각이 들었다. 첫째, 내가 김주하인 걸 모르고 결혼했나? 둘째, 화를 낼 대상에게 풀지 않고 집에 와서 애꿎은 문을 부순 걸 어떻게 이해해야 하지?

어려웠다.

"신뢰가 깨지는 소리는 세상의 그 어떤 소음보다 크고,
그 상처는 결코 완벽하게 아물지 않는다."
- 작자 미상

거짓의 거울이 모든 빛을 삼키는 어둠 속에서, 나는 세상이 안전하고 예측 가능한 곳이라는 삶의 기본 가정을 잃었다. 대화가 닿지 않는 침묵의 영역에서는, 분노가 유일한 통행증이 되었다.

4장

거짓의 성

기만이라는 이름의 과거

 균열을 발견한 순간, 나는 내가 서 있던 땅이 사실은 단단한 암반이 아니라, 얇은 얼음판 위였음을 깨달았다. 남편이 과거에 결혼한 적이 있었다는, 심지어 나와의 결혼 한 달 전에 이혼을 했다는 사실은 단지 과거의 일이 아니라 나와의 관계 전체를 뒤흔드는 현재진행형의 기만이었기 때문이다. 그를 의심하던 나는 그가 회사에 낸 서류들도 찾아보기 시작했는데 이름이 다 조금씩 달라 나는 내가 선택한 남자가 누구였는지, 내가 결혼한 사람이 과연 실존하는 인물이 맞는지조차 알 수 없었다. 미국에선 이름을 약어로 쓰기도 한다지만 공식적인 서류에서는 보통 여권에 나와 있는 이름을 쓰지 않나.

 결혼은 상대의 현재와 미래뿐만 아니라 그의 과거까지도 온전히 끌어안는 일이다. 나는 내가 아는 그의 모습이 전부라 믿었었는데, 그가 나에게 말하지 않은, 아니 의도적으로 숨겨왔던 과거의 편린들이 하나둘씩 모습을 드러내기 시작했다.

그의 학력부터 집안 배경, 심지어 그의 이름까지 확실한 건 아무것도 없었다. 후에 그가 졸업했다는 미국 대학에 남편이 졸업했다는 연도를 알려주고 앞뒤 연도까지 그의 졸업 여부를 확인하려고 했지만 그런 졸업생의 이름은 없다는 답신을 받았다.

게다가 내가 알고 있던 많은 것들이 교묘하게 포장되거나 완벽하게 조작된 사실이었다는 것을 내 두 눈으로 확인했으니 말문이 막힐 지경이었다. 심리학자 폴 에크먼(Paul Ekman)은 거짓말을 '은폐(Concealment)'와 '위조(Falsification)'라는 두 가지 형태로 구분했는데 남편과 시어머니는 진실의 일부를 숨기는 '은폐'를 넘어, 존재하지 않는 사실을 만들어내는 '위조'까지 사용한 것이다.

내가 물을 때마다 그는 답을 피했고 날 속인 것에 대해서도 그의 태도에서는 진심 어린 반성이나 사과는 보이지 않았다. 그는 이 모든 사실을 이해시키려 하기보다는 오직 이 상황을 어떻게 무마하고, 어떻게 자신의 잘못을 최소화할 것인가에만 초점이 맞춰져 있는 듯했다.

이것은 단순히 과거를 속인 문제가 아니라 그의 인격과 도덕성의 문제였고, 어떻게 한 인간이 자신의 인생에서 가장 중요한 사건 중 하나를 완벽하게 지우고, 다른 사람을 속여 새로운 관계를 시작할 수 있는 거지? 분노했던 나는 그렇게 내 속을 누르며 살고 있었고, 같이 사는 그 또한 당연히 이것을 눈치챘을 테니 부부 관계가 좋아지기는 힘들었다.

그런데 그의 귀가가 늦기 시작했다. 출장도 너무 잦아졌다. 처음엔 잘됐다 싶었는데 출장을 간 남편이 너무 전화를 받지 않아 회사로 연락을 했더니 "가족과 휴가 중"이라는 거였다. 머리를 큰 망치로 맞은 듯 정신이 멍해졌다.

'설마… 결혼을 속여서 해놓고 외도까지…?'

속이 뒤틀렸지만 확인을 해야 했다. 확인도 안 해보고 무조건 바람피운 남자로 몰 수는 없으니 말이다. 그러면서도 한 편으로는 설마… 남편의 외도가 내 착각이기를 바라는 마음도 컸다.

이런 일이 여러 번 반복됐던 8월 말쯤, 당시는 친정아버지의 생신이라 다 같이 식사를 하기로 약속을 잡아 놓은 상태였는데 남편이 싱가포르 출장에서 돌아오지 못하는 일이 생겼다. 남편은 전화로 "싱가포르에 있는 어느 회사를 방문했는데 거기는 여권을 맡겨야 출입이 가능해서 여권을 줬다. 그런데 나올 때 깜박 잊고 여권을 챙기지 않아 현재 여권이 없다. 주말이 되어서 여권을 받을 수 없으니 다음 주에나 집으로 올 수 있다"는 내용을 말했다.

그런데 당시 2008년 8월 말에는 태국 푸껫에서 공항이 폐쇄되는 사건(태국에서 발생한 반정부 시위의 결과 푸껫 국제 공항이 시위대에 의해 8월 29일부터 사흘간 점거 및 폐쇄된 사건)이 있었고 뉴스 앵커이자 기자인 내가 이 사실을 모를 리 없었다. 당시 푸껫에는 나와 남편이 메리어트 호텔에서 운영하는 리조트를 한 채 사 놓은 상태였기에 '혹시 다른 여자와 거기에 간 게 아닐까' 하는 생각이 스쳤다.

비록 날 속여 남편과 연결해준 시어머니였지만, 자신은 남편이 바람을 피워서 이혼할 수밖에 없었다고, 또한 아들에게 "네가 바람을 피우면 7층 높이 아파트에서 떨어져 죽어버리겠다"고 협박한 시어머니였기에, 친정어머니에게는 알리지 않고 시어머니에게 이 사실을 알렸다. 그럴 리 없다며 남편 편을 들던 시어머니는 자기가 확인을 해보겠다고 했고, 잠시 후 전화가 왔다. 아들은 현재 싱가포르에 있는 게 맞다면서 말이다. 그런데 내 직감은 '아니!'라고 외치고 있었다. 시어머니가 남편의 여자 문제에서만큼은 철저히 내 편이라고 믿었지만 아무리 생각해도 남편의 말은 앞뒤가 전혀 맞지 않았기 때문이었다.

이번엔 내가 푸껫 호텔에 전화를 걸었다.

"거기 투숙하고 있는 ○○씨 부인인데 뭘 두고 왔다. 확인이 가능한가"라고 물었는데, 호텔에선 아주 친절하게 응대해줬다. "호텔 서비스는 마음에 들었냐, 잘 머물고 있냐"면서….

내가 쓰던 침대에 남편이 다른 여자와 함께 있다는 사실에 치를 떨어야 했지만, 이 얘기를 전하자 남편은 나에게 미쳤냐며 오히려 화를 냈다.

그 당시엔 전자여권이 없었기에 여권에는 한국에 들어오는 날과 한국을 나가 해외에 입국 또는 출국하는 날짜가 찍혔다. 그는 출장 날짜도 속였는데 예를 들어 화요일부터 목요일 출장이면 월요일부터 토요일까지라며 나에게 거짓말을 하고 여자와 출장을 함께 가서 일도 보고 놀곤 했다.

이걸 내가 알아챘다. 여권을 들고 따지니 출장에서 돌아온 날 상가에 가서 자느라 말을 못한 것 뿐이라며 둘러댔다. 그럼 미리 내게 말했던 남편의 출장 날짜가 바뀌었다는 건데, 출장에서 돌아오는 날짜가 하루 앞당겨졌다는 건데, 이걸 얘기 안 하고 왔다고? 게다가 내가 알지도 못하는 사람의 부친상이었다고 했다. 요즘도 상가에서 자는 손님이 있나? 남편은 한국에 상가에서 밤을 새워 줄 만큼 친한 사람도 없는데?

속아줬지만 이런 일이 하루이틀이 아니었고, 결국 그 다음 출장 이후 난 또 여권을 확인하려고 했다. 하지만 이번엔 여권을 회사에 두고 왔다고 했다. 아니 출장에서 바로 집으로 왔다는 사람이 회사에 여권을 두고 왔다고? 결국 참다못한 난 남편의 회사 앞으로 찾아가 여권을 요구했는데, 출입국 사무소에서 도장으로 찍어 준 한국에 들어온 날짜를 볼펜으로 다시 쓴 흔적이 확실히 보였고 내가 따지자 그의 손찌검이 시작됐다. "그러니까 네가 싫은 거야"라면서 말이다.

남자가 여자에게 손찌검을 하는 이유는 낮은 자존감, 열등감, 분노 조절 장애 등 여러 가지가 있겠지만 내가 아는 가장 흔한 이유는 일명 '말이 딸려서'이다. 서로 말을 주고받다가 남자가 억울하지만 말로 여자를 이길 수 없을 때, 혹은 거짓말을 하다가 상대방의 반격에 말이 막힐 때다. 그런데 이 경우 억울한 건 나였고, 거짓말을 한 것도 내가 아니었기에 나는 반 미쳐 날뛸 지경이었지만 절대 밖으로 티를 낼 수는 없었다. 아니 오히려 사람들 앞에서 행복한 부부의 모습을 연기해야 했고, 이혼도 생각했지만 아이에게 온전한 아빠를 만들어주고 싶다는 생각은 나를 더 옥죄어왔다.

우리의 관계를 지탱하던 가장 근원적인 믿음의 체계가 완전히 붕괴됐다. 게다가 직후 이어진 일련의 이런 사건들로 인해 나는 더 이상 그의 어떤 말도 어떤 행동도 믿을 수 없게 되었다.

깨어진 신뢰는 나의 세상에 대한 인식 전체를 왜곡시켰다. 심리학자 로니 야노프-불만(Ronnie Janoff-Bulman)에 따르면, 우리는 세상을 예측 가능하고, 공정하며, '나는 가치 있는 존재'라는 기본적인 믿음을 가지고 살아가는데 극심한 트라우마는 이 세 가지 기본 가정을 무참히 파괴한다. 나는 더 이상 세상이 안전하고 예측 가능한 곳이라 믿을 수 없게 되었고, 남편의 "네가 이상한 여자"라는 반복되는 말에 나도 모르게 나 자신의 판단력과 가치에 대해서마저 깊은 회의를 갖기 시작했다.

태어나 처음으로 김장을 하는 날이었다. 그동안 친정어머니가 일반 포기김치만 한다고 했다가 깍두기도 하고 부추김치도 하는 걸 이해하지 못했었는데 그날 이 모든 게 이해됐다. 김치를 하고 나니 남은 양념이 아까워 뭘 더 하고, 그걸 하고 나니 또 다른 재료가 남아 더하고…. 김치 만들기를 반복하게 된 것이다. 도우미가 있었지만 일이 커지자 나 또한 버거워졌고 깍두기를 하기 위해 두꺼운 무를 썰다가 지쳐 남편에게 마늘을 빻아달라고 부탁을 했는데, 잠시 후 마늘을 빻고 있던 거실에서 그릇이 넘어지는 소리가 났다.

"난 이런 거 해본 적 없단 말이야!!"

남편이 빻던 마늘과 그릇을 내동댕이치는 소리였다. 그러고는 아들을 데리고 나가버렸다.

'나도 김장은 태어나서 처음 해보는 건데…'

눈물이 날 정도로 억울했지만 그나마 어린 아들을 데리고 나가주니 아들을 챙기지 않아도 돼 차라리 잘됐다 싶었는데, 사달은 그 뒤에 났다. 밖에 나갔다 온 어린 아들이 "이모랑 놀았쪄"라고 말한 것이다.

"이모? 그 이모랑 아빠랑 어디서 놀았는데?"

"놀이터에서도 놀고 그 이모 집에서도… 텔레비전 틀어줘서 그거 봐쪄."

"텔레비전을 너 혼자 봤다고?"

"응."

그가 준 약은 뭐였을까

"말은 창문이 되거나, 아니면 벽이 된다."

- 루스 베버마이어 *Ruth Bebermeyer*

　그 즈음 난 편두통이 생기기 시작했다. 한 집에서 사는 남편의 모든 행동이 다 의심되는데, 오히려 '내가 문제'라고 반복해서 들으니 고통스러워서였을까. 그의 얼굴만 봐도 머리가 아픈 날이 생기기 시작한 것이다. 그런데 그날 밤엔 웬일인지 그가 나에게 약과 물을 갖다주며 먹으라고 했다. 이미 그와의 신뢰에 금이 가기 시작한 나는, 그의 이런 갑작스런 친절을 받아들이기가 어려웠고, 난 티 내지 않고 먹는 척 하며 약을 화장실에 뱉어버렸다.

　그리고 새벽 4시쯤 되었을까. 그가 살금살금 일어나 옷을 입기 시작했다. 그가 나갈 준비를 하고 있을 때 그의 핸드폰을 확인했는데 누군가에게서 "못 참겠어"라는 문자가 와 있었다. 그의 상간녀인 듯했다. 내가 일어나 "이 새벽에 어딜 가?"라고 물으니 소스라치게 놀란 그의 첫마디는 "아니 약 안 먹은 거야?"였다.

그리곤 회사에 급한 일이 있다며 나가버렸다. 그리고 얼마나 급히 갔는지 그날 새벽에 찍힌 '과속 위반' 딱지까지 날아와 후에 내가 내줘야 했다.

지금도 궁금하다. 그날 밤 그가 준 약은 뭐였을까.

당시 난 〈마감뉴스〉를 맡고 있었는데 회사에서 퇴근을 시켜줬기에 차를 남편이 갖고 다녔다. 내가 살던 아파트는 오래전에 지어져서인지 지상 주차장밖에 없어 어쩌다 이중 주차라도 하면 차를 빼줘야 했기에 내 핸드폰 번호를 차에 붙여놨었는데 뉴스를 준비하고 있던 차에 전화가 왔다.

"전조등이 켜져 있어요, 저러다 방전될까 싶어서 전화 드렸어요."

친절한 이웃 주민의 전화였다.

"아 그래요? 정말 감사합니다. ○○ 아파트 맞지요?"

"아니요? ○○동에 있는 ○○○○ 아파트인데요?"

머리를 돌로 맞은 듯했다. 남편에게 전화해 어디 있느냐고 묻자 집이라고 했지만, 그렇다면 차를 도난당했다는 말인가? 어쨌든 확인하는 게 급선무였다.

앞서 잠깐 언급했지만 나는 〈마감뉴스〉의 출연자 섭외, 편집까지 맡을 때가 많았기에 일찍 출근을 했고, 따라서 〈마감뉴스〉까지는 아직 시간이 남은 상태였기에 친절한 주민이 알려준 아파트로 바로 택시를 잡아타고 달려갔다. 해당 아파트에 도착한 나는 내가

4장 거짓의 성   141

갖고 있는 자동차 열쇠로 차를 금방 찾아냈고 차 앞에서 남편에게 전화를 걸었다.

"어디야?"

"아, 왜 이래 집이라니까? 정말 몇 번을 말해야 해? 이 정도면 의부증이야!"

"근데 왜 차가 여기 있지?"

놀란 남편은 차로 달려나오며 방금 도착했다고, 여기는 친구의 집인데 친구가 아파서 잠깐 들른 것이라고 주장했다. 내가 친구 얼굴 좀 보겠다고 하니 굳이 아픈 사람을 찾아가서 못살게 해야겠냐며 소리를 질렀다. 또한 내가 전조등이 켜져 있다고 전화를 받은 시점 이후에 본인이 도착했다며 나를 미친 사람 취급했다.

하지만 나에겐 바로 돌아가서 할 일이 있었다. 그렇게 차량 앞에 남편을 세워두고 어쩔 수 없이 회사로 복귀했지만 그런 일이 있었던 직후 다시 카메라 앞에 선다는 것은, 흩어진 나의 조각들을 필사적으로 그러모아 '앵커 김주하'라는 모습을 재구성하는 행위나 다름없는 일이었다. 이런 식으로 매일 밤, 나는 깨진 그릇을 아슬아슬하게 붙여놓은 심정으로 데스크에 앉았다. 뉴스 전에는 거의 매일 밤 국장실 옆 작은 의상 피팅룸에서 남편과 전화로 소리 지르고 싸우면서 말이다. 언제 부서져 내릴지 모르는 위태로움 속에서도, 나는 나의 목소리를 내야만 했다.

이런 일이 수시로 반복되자 도저히 이해가 되지 않던 나는 집으로 돌아와서도 그와 부딪히는 일이 다반사였다. 그때쯤 남편은 수시로 손찌검을 하고 있었는데 놀라서 잠에서 깬 아이 앞에서도 폭력성은 바뀌질 않았다. 되레 내가 "어떻게 미국에서 자란 사람이 아내에게 손을 대느냐"고 따지면 "미국에선 절대 못 그러지, 그런데 너도 알잖아? 한국 경찰들은 다 병신인 거?"라며 우리나라 경찰들을 비아냥댔고 그날도 그에 의해 밀쳐 넘어진 난 테이블에 머리를 부딪혔다. 그 후 며칠간 아픈 머리를 부여잡고 토해댔던 나는 〈마감뉴스〉를 위해 모든 준비를 마친 상태에서, 〈마감뉴스〉 시작 1시간 전쯤 쓰러진 일도 있었다. 결국 뉴스를 포기하고 이대목동병원으로 실려갔는데 CT를 찍어보자 바로 뇌출혈로 판명이 됐다. 의사가 "이것은 내부에서 온 뇌출혈이 아니라 외부적 요인(폭행에 의한 것)"이라며 날 의아한 눈으로 바라봤고, 원하시면 신고를 해주겠다고 했지만 난 눈물을 삼키며 그냥 병원을 나올 수밖에 없었다.

집으로 돌아와 남편에게 전화로 이 사실을 알리니 그날은 웬일인지 일찍, 새벽 3시 전에 들어왔는데 그의 반응은 의외로 간단했다.

"그래서, 신고할 거야?"

신용카드를 주다

그가 다시 예전 살던 곳으로 이사를 하고 싶다고 해서 우리는 이사했다. 친정집 근처로 이사 갔던 집은 1층이었는데 뛰어놀 아들을 생각해 간 거였지만 1층이라 밖에서 안을 보지 못하게 하려고 한 건지 창밖에 나무를 빽빽하게 심어 어두웠고, 남편이 원했던 검붉은 색 벽지가 집을 더 어두워 보이게 해 결국 이사를 결심한 것이었다.

사실 이사를 가는 건 마음에 들지 않았다. 아들은 엄마와 아빠가 없는 낮엔 대부분 친정 부모님 댁에 가 있었는데 신나게 놀다가도 아빠나 도우미가 데리러 가면 숨고 울며불며 친정 부모님 집에서 나오길 꺼렸기 때문이다. 나도 일 때문에 바쁜데 남편은 거의 집에 잘 붙어있지 않고 그럼 아들을 친정 부모님에게라도 맡겨 즐겁게 놀게 해야 했지만 남편의 강력한 주장에 어쩔 수 없이 이사를 강행했다. 원하는 대로 이사를 가주면 좀 가정적이 될까 싶은 바람도 있었고 말이다.

이사를 가고 얼마 뒤 남편의 휴대전화에서 자꾸 알림이 울렸다. 쉬는 날인데 계속 울려대는 알림 소리에 남편이 잠깐 화장실에 간 사이 휴대전화를 열어보았더니, 알림은 신용카드 회사에서 온 사용처와 금액을 알리는 소리였다. '미장원 15만 원', '네일숍 6만 원', '김밥집 1,500원' 등 각양각색이었는데 남편이 이용할 가게도 아니고 무엇보다 남편은 지금 내 옆에 있지 않은가. 남편에게 "누군가 당신 신용카드를 쓰고 있다, 당장 신용카드 사용을 정지시켜라"라고 했지만 남편은 얼버무리며 그냥 이 일을 넘겼고, 이 일이 있고 난 이후 내 기자로서의 본능은 집안에서도 살아났다.

남편의 휴대전화에 찍힌 신용카드를 사용한 지점과 금액 등을 기억해뒀기에 그 지점들을 찾아가 "여기서 사용된 신용카드는 분실된 것이다, 누가 썼는가"를 묻자 사용한 사람의 인상착의를 다 설명해준 것이다. 심지어 어느 가게에선 그녀가 어디에 사는지까지 알려줬는데 까무러칠 뻔했다. 난 당시 '나홀로 아파트'에서 전세를 살고 있었는데 그 아파트에서 보이는, 동부 ○○○○아파트였다. 내가 살고 있는 아파트와 작은 골목을 사이에 두고 ㄱ자로 배치돼 있어 불이 켜진 밤이면 두 사람이 방에서, 거실에서 뭘 하는지 다 보일 지경이었다. 당시 난 부동산에 가서 최근 이사 온 16층 집도 찾아냈는데 그 전세금을 남편이 대줬다는 것도 알아냈고 (내가 살고 있는 집과 전세비용이 같아 더 분노했다. 난 조금이라도 싼 전셋집을 알아보느라 40년이 넘은 아파트를 구했는데 그녀와의 집은 우리 집보다는 조금 작지만 지은 지 얼마 안 된 새 집이었던 것이다), 그녀의 직업도 알 수 있었다. 남편이 자주 다니던 술집 아가씨였다.

어쩐지… 여성 사우나에서 30만 원 이상이 찍혔을 때 알아봤어야 했다. 그 사우나에 찾아가서 도대체 어떻게 하면 사우나에서 이런 금액이 찍힐 수 있는지 알아봤는데 그 사우나 직원 말에 따르면 여기 오는 일명 '나가요 언니들'은 이런 수법을 자주 쓴다고 했다. 남자에게서 받은 카드를 이용해 일명 카드깡을 하는 것이다. 여러 명이 가서 마사지 등을 받고 혼자 대표로, 남자로부터 받은 카드로 계산을 한 다음 N 분의 1로 나눠 돈을 자기 통장으로 입금을 받는 것이다.

이렇게 그의 과거를 캐던 나는 그의 현재를 파헤치게 되었다. 세상의 진실을 파헤쳐야 할 기자가, 이제는 가장 믿어야 할 남편이라는 사람의 진실을 캐내야 한다는 것 자체가 아이러니였지만 말이다.

그는 나를 만나고 있던 시점에도 유부남으로서 전 부인과의 관계를 완전히 정리하지 않은 상태였을 뿐만 아니라, 나에게 보여진 순수하고 독실한 신앙인의 모습은, 그저 내 마음을 얻기 위해 치밀하게 연기한 하나의 캐릭터에 불과했다. 나는 그가 만들어낸 허구의 인물과 결혼을 한 것이었다. 나는 그에게, 그의 어머니에게 있어 하나의 '트로피'에 불과했다.

나는 그와 그의 어머니뿐만 아니라 그의 다른 가족들에게도 깊은 배신감을 느꼈다. 그들은 이 모든 사실을 알고 있었지 않을까? 아니, 그들 역시 아들의, 형의 거짓말에 속았던 것일까. 만약 알고도 침묵했다면, 그들은 이 거대한 사기극의 공범자임에 틀림없다. 내가 '최고의 며느릿감'으로서 그들에게 속하게 된 것을 기뻐하고, 그들을 진심 어린 가족으로 받아들이려 했던 모든 노력이 한순간에 우스워졌다. 나는 그 집안에서 철저히 이방인이자, 기만의 대상이었을 뿐이다.

처음에 남편이 날 속인 것을 알아냈을 때 차라리 남편이 무릎을 꿇었다면 어땠을까. 하지만 그는 무릎을 꿇기는커녕 "그럼 결혼을 물려?"라고 했고, 그래서 내 화가 가시지 않자 결국 그 핑계로 바람을 피운 것일까. 하지만 훗날 알게 된다. 그의 바람은 내가 시어머니 방에서 조작된 서류를 발견하기 전부터 이미 시작돼 있었다는 것을.

한밤의 추격전

결혼 첫날밤 그는 내게 미래를 위해 계획을 세워야 한다며 내 연봉을 물었다. 부부끼리는 당연히 서로 월급을 공개해야 한다고 생각했던 나는 내 월급 액수를 얘기했는데 그의 얼굴에 실망감이 스쳤다.

"왜? 너무 적어서 그래?"

"아니, 미국에서는 당신 같은 앵커의 경우 몇백만 불씩 받고 그래…."

"아, 그건 미국 얘기지, 한국에선 보통 뉴스는 자사의 얼굴이라고 보기 때문에 뉴스 앵커는 직원을 쓰고, 직원은 그냥 월급을 받아."

그가 한 살 때 미국으로 이민을 가서 그런지 그는 한국 앵커도 미국만큼 연봉이 높다고 생각한 것이었다. 그리고 잠시 뒤 대화를 마쳤다고 생각한 내가 돌아서자 내 뒤통수에 대고 그가 한 말도 난 지금까지 잊을 수가 없다.

"그럼 회사를 그만두면, 프리랜서를 하면 광고도 찍을 수 있고 그럼 돈을 많이 벌 수 있는 거지?"

그의 이런 바람은 그의 어머니를 통해서도 내게 압박으로 다가왔다. 내가 〈마감뉴스〉를 맡자 "이젠 너도 집안 경제에 도움을 좀 줘야 하지 않겠니"라고 한 것이다. 하지만 난 뉴스가 좋았고, 더 훌륭한 앵커가 되기 위해 기자로 전직까지 한 만큼 프리랜서를 하려고 회사를 나갈 생각은 조금도 없었다. 당시에만 해도 종편 같은 방송사가 없었기에 지상파를 떠난다는 건 뉴스를 그만두는 것이나 다름없었기 때문이었는데 그와 그의 어머니는 이것을 전혀 이해하지 못했다. 결국 남편은 나에게 "자기가 하고 싶은 것을 위해 집안 형편은 돌아보지 않는 이기적인 여자"라며 강하게, 수시로 힐난했다.

이 와중에 남편의 여자 문제까지 확인되자 당장이라도 이 모든 것을 끝내고 싶었다. 서울 여의도 5층 보도국 국장실 옆 작은 피팅룸에서 거의 매일 밤 그가 현재 누구와 어디 있는지를 따져 물으며 울고, 평일 밤 〈마감뉴스〉를 하는 걸 알면서도 "그럼 당장 달려와 보든지"라며 날 조롱하는 걸 듣는 것도 하루이틀이 아니었다. 게다가 내 편인 척 가장하며 남편에게 이롭게 모든 것을 거짓말로 덮는 시어머니의 모습을 보는 것도 참 힘들었다.

잠깐 언급했듯 아들은 친정집에 가 있는 걸 좋아했다. 아빠는 물론 도우미 아주머니가 데리러 가는 걸 좋아하지 않았기에, 집에서 아이와 잘 놀아주지 않는 남편은 그렇다 쳐도 매일 집에 있는 도우미 아주머니와 있는 걸 싫어하는 이유를 알아야 했다. 도우미 아주머니는 적어도 내 앞에서는 아들에게 너무 친절하게, 잘 놀아줬기 때문이다. 그래서 고민하다가 소리가 들리면 녹음이 되는 녹음기를 마루 소파 뒤에 설치했다. 그런데 이 녹음기에 충격적인 내용이 들어 있었다.

내가 무심코 녹음기를 틀어놓고 도우미 아주머니와 아들 간의 대화가 있나 들어보던 참이었다. 푸껫 사건이 있던 며칠 뒤였는데 그날은 남편이 좀 일찍 왔는지 소파에 앉아 시어머니와 전화 통화를 하는 음성이 녹음돼 있었다. 마침 집에 아무도 없었던 터라 그의 목소리도 컸고 전화기 속 음량이 큰 상태였는지 시어머니의 목소리도 크게 들렸다.

"그러게 조심하라고 했지!? 나 아니었음 어쩔 뻔했니?"

시어머니의 말에 남편이 대답했다.

"아 몰라 김 형사(나를 지칭하는 듯했다)가 알아챌 줄은 몰랐지"

"그래서 돈은? 걔가 얼마나 알아?"

"걔 하나도 몰라, 하나도. 어디에 얼마 있는지 돈은 전혀 몰라, 걱정하지 마."

머리가 또 아파왔다. 지금 아들에게 "왜 바람을 피우냐"고 따져도 모자랄 판에, 어떻게 하면 이혼할 경우 재산을 내게 안 줄 수 있나 논하고 있다니?

결혼 초 보통의 부부들처럼 우리도 월급으로 앞으로 어떻게 살 것인가를 논의했었는데 내 월급으로는 장보기, 관리비, 아이 유아원비, 유치원비, 휴대전화 이용요금 같은 일상의 생활을 하고, 남편의 월급은 남편의 용돈과 시어머니의 주식 계좌에 일부 돈을 넣어두는 것을 제외하고는 다 저축하기로 했었다. 남편과 시어머니는 그 돈에 대해 이야기하고 있는 것 같았다. 이러다간 땡전 한 푼 없이 아이를 데리고 이혼당할 판이었다.

결국 난 증거를 수집하기로 했다. 일단 남편 이름으로 된 신용카드 내역을 모두 모았는데 그 카드 내역을 보면 정말이지 웃지도 못한다. 상간녀는 매달 400만 원씩 남편에게 현찰을 받았음에도 불구하고 당시 분식집에서 천 원짜리 김밥 한 줄까지 다 남편의 신용카드로 결제했고, 그녀가 쓴 것이 분명한 산부인과 비용, 병원비, 옷, 가방, 구두를 산 비용 등 모든 내역이 다 나와 있었다. 그 덕분에 남편이 준 신용카드로 그녀가 매달 1,000만 원가량씩 썼다는 것도 알아냈고 이는 내려놓은 줄 알았던 내 분노를 또 다시 불러일으켰다. 다름 아닌 아들의 놀이 테이블 때문이었다.

당시 아들은 토마스 기차에 빠져있었다. 친구 집에서 놀던 기차 전용 테이블이 부러웠는지 연신 그 테이블을 만지고 만지며 집으로 돌아오길 싫어했는데 이를 본 친구 엄마가 하나 사주라고 애길 한 것이다. 내가 돈이 없다고 하니 웃으며 "너무 겸손하다"고, 애가 많은 것도 아니고 아들 하나이니 하나 사주라고 했지만 내 월급으로 모든 것을 감당하고 있던 터라 나는 정말이지 돈이 없었다. 결국 계속 토마스 기차와 테이블을 갖고 싶어 하던 아들이 떠올라 남편에게 하나 사주자고 얘길 꺼냈는데, 남편이 버럭 화를 냈던 것이다. 돈이 없는데 어떻게 사느냐고, 정 필요하면 중고로 사주라고 말이다. 놀이 테이블은 물론이고 아들이 곧 공부를 시작하면 써야 할 책상까지 중고를 알아보라고 했었는데… 그런 말을 주고받은 게 불과 얼마 전인데 술집 여자에게는 그동안 매달 수백만 원씩을 현찰로 주고 신용카드까지 줘서 쓰게 한 것이 밝혀진 것이다.

그게 전부가 아니었다. 그녀에게 집을 얻으라며 수억 원을 준 것도 알아냈고, 이에 견디기 힘들었던 나는 남편에게 나와 계속 살고 싶으면 그 돈을 다시 받아오라고 요구했다. 그런데 그의 반응은 차가웠다. "현찰로 줘서 다시 달라고 할 수 없다"는 것이었다. 그럼 전세금은? 그건 돈이 들어간 내역이 있을 거 아니냐고 물었지만 그 또한 내게 증거를 잡히지 않기 위해 현찰로 꺼내서 줬기에 다시 받아올 수 없다고 주장했다.

당시에는 '네이트온'이라는 서비스가 있었는데 나는 우연히 보게 된 그의 대화창을 통해 상간녀와 주고받는 문자 메시지 내용을 모두 확인할 수 있었다. 그 문자에 따르면 "우리는 천년에 한 번 할까 말까 한 사랑을 하고 있고 김 형사(아내)가 이를 망치고 있다"고 돼 있었다. 또한 "김 형사가 내 또 다른 핸드폰을 찾아냈다", "정말이지 한 대 치고 싶다" 하니 "한 대 갈기지 그랬어?"라고 했다. 또한 "에이, 그래도 그렇지 여자를 어떻게 때려?"라고 마치 때린 적이 없는 듯 능청스럽게 답하니, 한술 더 떠서 "역시 오빠 멋져~"라며 주고받은 문자들이 잔뜩 들어 있었다.

그렇게 사랑한다면, 떠나줘야지. 내 결론은 하나였다.

나는 결국 집을 나왔다.

남편은 그제서야 정신이 든 듯했다. 내게 만나자며 계속 연락을 해오고 상간녀와는 깊은 관계가 아니라며 용서를 빌었다. 사립탐정까지 고용해 내가 어디 머물면서 회사로 출근하는지 알아내려고 했지만 내 운전 솜씨도 여간치 않다. 기사가 있는 회사 차로는 이리저리 돌며 당시 머무는 곳을 숨기기가 힘들기에 내 차로 출퇴근을 했었는데, 누군가가 날 뒤쫓는가는 두 번 유턴을 해보면 안다. 웬만한 차는 두 번 유턴을 할 이유가 없기 때문이다. 이렇게 날 뒤쫓는 차량을 알아내고 일방통행 길을 역주행하며 사설탐정 차를 따돌리자 남편은 직접 회사로 찾아와 빌었다.

남편은 용서를 비는 와중에도 계속해서 거짓말을 해댔다. '네이트온'에 나온 문자 메시지에는 "김 형사가 집을 나갔다", "그 ×이 너희 집을 알고 있으니 조심해라", "당분간 연락을 안 할 테니 기다리고 있어라" 등등 차마 눈 뜨고 볼 수 없는 내용이 가득했고 나는 당연히 나를 향한 그의 입에 발린 거짓말도 속속들이 알 수 있었다.

공증각서

　그런데, 난 엄마였다. 이 거짓의 성에서 탈출하고 싶은 마음이 간절했지만 내 품에는 어린아이가 있었고 이 아이에게서 아빠를 빼앗을 수는 없었다. 아이는 아무런 잘못이 없었으니까 말이다. 그렇다고 이대로 집으로 돌아가자니 같은 생활이 반복될 것은 보지 않아도 뻔했다. 그런데 마침 남편이 집으로 돌아가지 않는 나에게 여덟 장에 달하는 편지를 썼다. 우리 가족 사진을 전자 앨범에 넣어서 함께 말이다. 거기엔 자필로 자기 잘못을 열거하며 "내가 미쳤었나보다, 날 한 번만 더 용서해주면 다시는 다른 짓을 하지 않겠다, 또 이런 짓을 할 경우 모든 걸 포기하겠다" 등등 구구절절한 내용이 들어 있었다.
　고민 끝에 각서를 쓰기로 했다. 일반각서는 법적 효력이 없기에 변호사 입회하에 '공증'을 받는 방식으로 말이다. 그의 자필 편지가 있었지만 그의 진심 어린 사과와 재발 방지에 대한 약속을 흰 종이 위에, 변호사 입회하에 남기고 싶기도 했다. 이 끔찍한 현실을 바꿀 수 있는 마지막 동아줄처럼 느껴졌다고나 할까. 만약 그가 진심으로 뉘우치고, 자신의 잘못을 글로 명시하고, 다시는 폭력을 행사하지 않겠다고 약속한다면, 어쩌면 우리에게도 마지막 기회가 있지 않을까 하는 실낱같은 희망이었다.

하지만 이혼을 안 할 것이라면 이런 내용이 밖으로 새어나가게 해선 안 됐고, 그래서 내가 직접 변호사를 만나러 가지 않고 나의 20년 지기 친구에게 위임장을 써서 나 대신 가 달라고 부탁했다. 친구는 당시 어린이집 선생님이었기에 자리를 비우기 쉽지 않았지만 직장에서 한 소리 들어가며 두 번이나 나와주었고 끝까지 나에게 무슨 일인 건지, 각서 내용이 뭔지 단 한 번도 묻지 않았다. 그리고는 결국 남편과 만나 나 대신 공증각서를 받아주었.

각서의 내용은 크게 이런 내용으로 이뤄져 있다.

1. 남편이 나와 결혼식을 올리기 한 달 전에 이혼한 것과, 그 사실을 나뿐만 아니라 내 가족 친지에게 속인 것을 인정한다.
2. 3년 이상 혼외정사 관계를 맺고 있는 여자가 있음을 인정하고 ○○○○ 아파트 ○○○동 ○○○호에 집을 얻어주고 살림을 같이 한 사실도 인정한다.
3. 2번 여성에게 ○○카드를 줘서 사용하게 하였으며 카드 만료일이 지나 다시 갱신해서 준 신용카드 포함 총 ○○○○원을 쓰게 했다. 또한 2번

여성에게 매달 생활비로 400만 원씩 줬고 그 외에도 명품 가방, 목걸이, 반지, 화장품, 냉장고 등을 수십 차례 선물한 적이 있다.
4. 남편은 2, 3번 여성과 만나면서도 수차례 다른 여자들과 혼외정사를 한 적이 있음을 인정한다.
5. 남편은 결혼 이후 한 번도 급여, 상여금 및 재화재물의 투자내역이나 그 득실에 관해 아내에게 보여준 적이 없으며 아내의 부모님에게 받은 돈 1억 8,000만 원도 보관 중이다.
6. 아내에게 폭행을 행사해 아내가 병원에 입원할 만큼 때린 적이 있으며 그 외에도 목을 조르고 발로 차는 등 심한 폭력을 휘두른 적이 있다.
7. 앞으로 또 혼외정사를 할 경우 모든 재산과 아들의 양육권 및 친권을 아내에게 넘기며 이혼에 다른 조건 없이 동의한다.

이렇게 자신의 존엄성과 아이의 '완전한 가정' 사이에서, 피를 말리는 선택의 기로에 놓였던 나는 결국 남기로 결정했다. 아이를 위해서 그리고 어쩌면 그가 진심으로 뉘우치고 변화할 수 있을 것이라는 한 가닥 미련 때문이었을지도 모르겠다. 모든 상처를 가슴에 묻고 이 위태로운 가정을 지켜보기로 한 것이다. 하지만 그것은 평화가 아니라 더 길고 끔찍한 전쟁의 시작이었다. 기만이라는 이름의 과거는 내 현재와 미래를 통째로 집어삼키는 거대한 괴물이 되어가고 있었다.

좋은 엄마 콤플렉스

"가장 큰 기쁨 속에는 언제나 슬픔의 한 방울이 섞여 있다."

- **펄벅** *Pearl S. Buck*

신뢰. 그것은 인간관계의 모든 것을 지탱하는, 눈에 보이지 않는 가장 단단한 기반이다. 한 번 금이 간 도자기는 아무리 정교하게 붙여도 예전 같을 수 없다고들 하는데 신뢰 역시 마찬가지다. 깨진 조각들을 애써 그러모아 겉모습은 유지할 수 있을지 몰라도, 그 안에는 더 이상 따뜻한 애정을 담을 수가 없다.

남편의 모든 말과 행동은 이제 의심이라는 프리즘을 통해 굴절돼 보였고 그가 회사 일로 늦는다고 할 때면, '정말일까? 혹시 다른 누군가를 만나고 있는 것은 아닐까?' 하는 의심의 목소리가 솟아올랐다.

이 의심은 나를 서서히 좀먹는 독이었다. 본래 사람을 쉽게 믿는 나는 특히 가까운 사람일수록 의심을 품지 않는 것이 도리라고 생각했지만 이제는 남편을 가장 먼저 의심해야 하는 사람이 되어버렸고 이 끔찍한 자기모순은 나를 지치게 만들었다.

이 연결 고리를 끊는 것은 매일 보는 것이 습관이 되다시피 한 '네이트온' 서비스를 더 이상 열어보지 않은 것, 남편이 매일 상간녀와 주고받은 문자 내역을 보지 않는 것이었다. 내가 당시 힘들 때 조언을 구했던 윤성호 목사님도 어차피 그를 용서하기로 했다면 그가 그녀와 헤어지는 것을 꼭 눈으로 확인할 필요는 없다고 했다. 또한 다른 술집 여자들이 "오빠 요즘 왜 안 와" 같은 문자를 보내고 "응 곧 갈게~" 같은 답 문자 내역을 보는 것 자체가 날 좀 먹는다며 네이트온 서비스를 없애라고 권했다.

이 서비스를 없앴지만, 그래도 좀처럼 내 의심이 가시지 않고 피해 의식이 계속되자 남편과 나는 상담을 받았다. 상담사 역시 그에게 "바람피운 남편은, 아내가 '됐다…'고 할 때까지 빌어야 한다"고 했지만 그는 "언제까지 자기가 빌어야 하냐"며 힘들어했다. 결국 상담사는 나에게 남편의 바람 사건에 대해 남편에게 절대 한 마디도 하지 말라고 주의를 주었고 나는 이를 지켰다.

이렇게 해서 변한 것일까. 어느 날 불쑥 남편이 내게 말했다.

"날 지옥의 구렁텅이에서 구해줘서 고마워, 근데 걔(상간녀)는 담배를 너무 많이 피웠어, 못 참고 나랑 맞담배도 피웠다니까. 내가 그렇게 싫다고 하는데도."

굳이 나에게 말 안 해도 되는 일까지 말하는 게 싫고 짜증 났지만 그의 말투에서 이제 상간녀와는 끝이 났다고 그때는 믿었다. 비록 그녀에게 매달 준 생활비와 신용카드값, 수억 원의 전세금은 받아내지는 못했지만 말이다.

이런 일이 있고 얼마 뒤 토요일, 아들이 내게 놀아달라고 떼를 썼다. 당시에도 나는 〈마감뉴스〉를 맡고 있었기에 새벽에 퇴근했고 토요일이라 늦잠을 자려는데 말이다.

"제발 엄마 잠 좀 자자…"라며 아이를 쫓아 보내려는데 아들이 울기 시작했다.

"그럼 동생이라도 만들어줘… ○○는 동생이 있어서 같이 노는데 난 동생도 없어…."

그럼 남동생을 원할까 싶어 물었다.

"여동생? 남동생?"

너무 어려서 동성끼리 노는 게 더 편할 수 있다는 걸 몰랐던 걸까. 아들은 동생이면 여자든 남자든 상관없다고 말했다.

남들은 묻는다. 왜 이혼할 건데 둘째를 가졌냐고. 그런데 그건 너무 객관적인 질문이다. 진짜 아이를 생각한다면 내가 원하는 게 아니라 아이가 원하는 대로 해주는 게 맞지 않을까. 그즈음 아이에게 엄마가 해줄 수 있는 최고의 선물은 아이가 원할 경우 '형제자매를 만들어주는 것'이라는 말도 들었고, 어차피 수년간 남편은 없고 아이 아빠만 있다고 생각하고 살았으니 그럼 둘째를 갖는 걸 고려해볼 만했다.

난 기도를 했다. 둘째는 딸을 원했지만 하나님이 허락하시지 않으면 어쩔 수 없으니 하나님께서 주시는 대로 감사하겠다고, 물론 안 주셔도 하나님의 뜻으로 믿고 받아들이겠다고.

그렇게 한방의 시도로 둘째가 태어났다. 둘째는 원하는 대로 딸이었고 집 안은 새로운 생명으로 사랑이 가득 찬 듯했다.

첫째 아이에 이어 둘째 아이까지, 내 품에 안긴 두 생명은 내가 살아갈 이유 그 자체였다. 아이들의 웃음소리는 집안을 가득 채우는 가장 아름다운 음악이었고, 뒤뚱거리며 내딛는 첫걸음은 세상 그 어떤 헤드라인보다 가슴 벅찬 뉴스였다. 또한 나는 다른 엄마들처럼 아이들에게 완벽한 세상을 선물해주고 싶었다. 상처 없는 유년기, 사랑이 가득한 가정, 언제나 든든한 울타리가 되어주는 부모. 이렇게 나는 내가 꿈꾸었던 이상적인 엄마의 모습을 하나씩 실현해 나갔다. 남편을 두 번 용서하길 잘했다고 믿으면서 말이다.

처음 엄마가 되면 많은 이들이 그렇겠지만 나 또한 '좋은 엄마'가 되어야 한다고 믿었다. 부부 관계의 불행이 아이에게 상처가 되어서는 안 된다는 생각에, 나는 그의 앞에서 가능한 문제를 제기하지 않고 침묵하는 쪽을 택했다. 아이 앞에서는 늘 웃는 얼굴로 행복한 부모인 척 연기했다. 이는 관계의 스트레스가 다른 영역으로 번지는 '감정적 파급 효과(Emotional Spillover)'를 막기 위한 필사적인 노력이었지만, 결국 자기 자신의 내면을 더욱 병들게 할 뿐이라는 걸 모르고 있었다.

그래서일까. 이 시기 다시 남편의 외도가 의심되는 정황이 곳곳에서 드러났음에도 또 지나가는 바람이려니 애써 모른 척했다.

하지만 그는 과거와 똑같은 행태를 계속해서 반복했고 결국 나는 극심한 '인지 부조화(Cognitive Dissonance)'를 겪어야 했다. '불행한 결혼 생활을 하고 있다'는 현실과, '나는 아이를 위해 행복한 엄마여야 한다'는 당위성 사이의 괴리, 이 불편함을 해소하기 위해 내 불행을 애써 축소하고 외면한 것이다. '이 정도의 불행은 다들 참고 사는 거야', '아이만 보고 참으면 언젠가는 괜찮아지겠지' 하면서 말이다. 하지만 억누른 감정은 사라지지 않고, 독처럼 차곡차곡 쌓여 나의 영혼을 잠식해 들어갔다.

결국 아이가 주는 기쁨의 무게는 너무나 무거웠다. 그 기쁨을 온전히 느끼기 위해서는, 그 기쁨을 앗아가는 슬픔의 근원을 외면해야만 했기 때문이다. 나는 아이의 미래를 위해 나의 현재를 희생하고 있다고 믿었지만, 사실은 나 자신을 서서히 죽여가고 있었다. 기쁨의 빛이 강할수록, 그 뒤에 드리워진 슬픔의 그림자는 더욱 짙고 선명해졌다. 거짓의 성안에서, 나는 아이라는 마지막 희망의 끈을 붙잡고 위태롭게 버티고 있었다.

아들에게 시작된 폭행

 난 별 볼 일 없는 나를 하나님께서 이렇게 띄워주신 이유가 궁금하다. 그리고 막연하게나마 나 또한 사랑을 베풀어준 세상을 위해 살아야 한다는 믿음을 갖고 있었다. 그런데 마침 2004년부터 내가 홍보대사로 있는 '기아대책' 기구에서 모잠비크에 학교를 세우는 사업을 하고 있다며 같이 할 것을 제안해왔다. 내가 3,000만 원을 후원하면 모잠비크에 학교를 지을 수 있다는 이야기였다.

 그간 홍보대사로 있으면서도 매일 뉴스를 하느라 어딜 나가 돕지 못했던 나는 이번에 둘째를 낳고 육아휴직을 하고 있는 기간 동안 기아대책 기구 일을 하면 좋겠다는 데 생각이 미쳤고 남편과 아들을 설득했다.

 남편은 흔쾌히 동의했다. 조건이 있었지만. 첫째, 아프리카까지 가니 동물들을 볼 수 있는 사파리 여행을 가야 한다, 둘째, 비행기 티켓은 비즈니스석이어야 한다는 것이었다. 남편은 자기는 죽어도 이코노미석은 탈 수 없다고 주장한 것이다. 아니 봉사 활동을 가는데 비즈니스석을 끊어서 가다니. 차라리 그 돈으로 모잠비크 사람들을 돕는 게 더 낫지 않을까 싶었지만 남편은 강경했고, 결국 나와 아들은 이코노미석을, 남편은 비즈니스석을 따로 끊어 인천공항에서 케냐로, 케냐에서 모잠비크로 갔다.

문제는 아들이 아프리카에 가기에는 너무 어렸다는 것이다. 어린 아들은 어른처럼 황열병, 말라리아 예방 주사 등을 미리 맞을 수가 없어서 약을 매일 복용해야 했는데 안 그래도 밥을 잘 먹지 못했던 아들은 이 예방약들 때문에 매일 구토로 진짜 '기아 체험'을 하다시피 하게 됐다. 여섯 살에 또래보다 키가 훨씬 큰데도 17~18킬로그램밖에 나가지 않을 만큼 말랐던 아들이 모잠비크에 있는 동안 4킬로그램이나 더 빠졌으니 말이다.

'남을 위해 산다'는 게 어떤 건지, '한국에서 네가 얼마나 잘 살고 있는가 감사하라'며 모잠비크를 보여주고 싶었던 내 바람은 결국 섣부른 것이었다. 사실 당시 남편은 아들에게도 손찌검을 시작한 상태였는데 '저러다 말겠지…' 하는 내 소망과는 별개로 점점 심해지고 있었다. 모잠비크에 가서 밥을 잘 먹지 않자 남편은 아들의 멱살을 잡으며 혼을 냈고 아들은 아빠가 두려워 억지로 먹다가 토하길 반복했다. 내가 끼어들어 말리면 여지없이 "아빠가 아들 교육하는데 엄마가 끼어들면 아빠의 위신이 엉망이 된다"며 화를 더 냈기에 내가 모른 척하면 아들은 공포에 질려 울지도 못했다. 이 와중에 아들이 토해서 그만하라고 하면 남편은 "얘가 일부러 토한 거 안 보이냐!"고 소리를 질렀다.

살얼음판 같았던 모잠비크에 학교 지어주기를 끝내고 잠시 남아프리카공화국에 있는 사파리를 들렀다가 이탈리아 지인 집으로 갔다. 그런데 여기서도 문제가 터졌다. 이탈리아 지인 집에 있을 때 그 집 아버지의 여러 가지 기능이 있는 작은 스위스 칼을 아들이 너무나도 갖고 싶어 했는데 남편이 그 칼을 꺼내 아들의 목에 대고는 "칼은 이렇게 무서운 거야, 알았어?"라고 교육 아닌 교육을 한 것이다. 이를 보고 경악한 이탈리아 지인은 훗날 내가 이혼을 한다고 하니 잘 생각했다며 당시 본인이 본 장면을 그대로 적어 법원에 '진술서' 형태로 제출해줬다.

남편의 아들을 향한 폭력은 점점 더 심해졌다.

내 초등학교 친구가 둘째가 보고 싶다며 키우던 강아지 두 마리를 데리고 우리 집에 온 날, 둘째를 재우고 우리는 집 앞 놀이터에 나왔다. 당시 숨바꼭질 놀이를 했는데 한참을 찾다가 "못 찾겠다 꾀꼬리"를 아무리 외쳐도 아이가 보이질 않은 것이다. 주변 차 소리 때문에 내 목소리가 아들에게 들리지 않았을 수도 있지만 당시 유괴 사건이 많았던 터라 난 겁이 덜컥 났다. 혹시 누군가 숨어 있는 아이를 데리고 다른 곳으로 가버린 건 아닐까? 불안감이 엄습하니 그 뒤로는 놀이라는 것도 잊은 채 아이를 찾기 시작했고 그때 마침 놀이터로 온 남편이 아들을 부르자 아들은 활짝 웃은 채로 '까꿍~' 소리치며 나무 뒤에서 튀어나왔다. 아무래도 다 큰 어른들이 자기를 찾는 모습을 지켜보는 게 재미있었던 듯했다. 그런데 바로 그때 아들 쪽으로 남편이 바람 같이 달려갔고 '철썩' 소리가 들리며 이를 본 내 초등학교 친구는 비명을 질렀다. 남편이 무섭게 달려가자 아들은 놀라 뒷걸음치다 넘어졌는데 남편은 이런 아들의 멱살을 잡아들고는 아들의 뺨을 '철썩' 소리가 날 정도로 때린 것이다. 아들은 풀숲 사이로 나동그라졌고 내가 가서 아들을 일으켰을 때는 이미 오줌을 싼 상태였다. 놀라서 손과 발을 벌벌 떨고 있었다.

친구 부부는 바로 떠났고 아들의 얼굴은 벌겋게 부풀어 올랐다. 다음날 어린이집에서 무슨 일이냐며 연락이 왔을 정도로 말이다. 남편은 그렇게 아들을 때린 걸 사과했지만 그의 폭력성은 사라지지 않았다.

아들은 점점 어두워져갔다. 아이를 위해 가정을 지킨 건데, 난 어떻게 해야 하지? 아이를 위해 이 거짓의 성을 떠나지 않은 건데. 아빠가 있게 해주려고 이 집을 떠나지 않은 건데. 결국 난 육아휴직 기간 동안 아들을 위해 일주일에 두 번씩 소아정신과를 다녔지만 아이가 좋아지는 것도 잠깐, 아빠에게 맞고 나면 '도로 아미타불'이 되니 난 더욱 막막해졌다.

소아정신과에서는 아빠의 폭력이 계속되는 한 아이가 좋아지기는 힘들 것이라고 했다. 어찌 보면 당연했다. 아이는 아빠에게 맞고 나면 혼자 컴컴한 옷장에 들어가 문을 닫고는 한참을 나오지 않았는데 이것도 날 불안하게 했고, 결국 "살려달라"는 내 외침에 소아정신과 의사는 "그럼 아이를 기숙학교에 보내세요"라고 대답했다.

"아니, 이제 여섯 살인데 기숙학교로요? 아이에게는 아직 부모의 사랑이 필요한 나이 아닌가요?"

"이 아이에겐 부모의 사랑보다 아빠의 폭력이 더 큰 영향을 주고 있습니다."

이런 말까지 들었지만 난 어린아이가 집을 떠나게 할 수는 없었다. 특히 이 경우, 부모의 사랑이 필요한 나이에 기숙학교로 보내지는 건 아이가 잘못해서가 아니지 않은가. 어른의 잘못으로 아이가 희생돼야 하는 건 말이 안 됐다. 결국 일주일 2회의 상담 중 1회, 하루는 토요일로 날을 잡아 나 대신 남편이 아들을 데리고 병원에 가게 했다. 아들은 불편한 아빠와 함께 가는 걸 꺼려하며 아빠 몰래 "엄마랑 가고 싶은데…"를 반복했지만, 아빠가 아이의 상담 모습을 보고, 의사에게 얘기를 직접 듣고, 자기가 변해야겠다고 결심하게 하려면 그 방법밖에는 없어 보였다.

하지만 아빠는 절대 변하지 않았다. 내가 그 다음 주 병원에 가서 아빠와 아이의 상태에 대해 물으면 좋지 않은 대답만 돌아왔다. 아이를 데리고 찾아오는 부모들은, 의사가 자신들의 모습을 의사와 상담할 때만 본다고 생각하지만 실제 의사들은 CCTV로, 혹은 진료실 밖 직원들에게 물어봐서 부모와 아이의 관계를 파악하는데 매번 남편은 아이에게 너무 두려운 방식으로 훈육을 하는 게 보여 안타까웠다고 했다.

토요일이 되면 도우미 아주머니도 자기 집으로 갔다. 아무래도 둘째 젖먹이가 있었기에 내가 첫째와 둘째를 모두 다 데리고 자는 건 힘들었고 그래서 남편에게 첫째와 함께 잘 것을 부탁한 날이었다.

"저기, 나도 엄마랑 잘래."

남편의 눈이 휘둥그레지며 아들에게 따지듯 물었다.

"왜? 왜 엄마랑 자고 싶은 건데?"

"불편해서…요…."

어린 아들이 최대한 아빠의 심기를 건드리지 않고자 짜 낸 말이었을 것이다. 하지만 이 말은 남편을 대노케 했다.

"뭐라고? 이 ××가?!"

이 말이 끝나기가 무섭게 내가 두 사람 중간에 뛰어들어 남편을 말렸다. 남편은 분노와 실망감 등이 뒤섞인 듯했다. 화가 난 남편에게 억지로 아들을 맡겨봤자 좋을 건 없을 것 같고 어렵게 애길 꺼낸 아들도 안쓰러워서 힘들어도 내가 두 아이 모두를 재우는 게 낫다고 판단하고는 아이들을 침대에 놓고 둘째의 분유를 타러 갔다. 그런데 아이들이 있는 방에서 '찰싹, 찰싹' 소리가 나는 게 아닌가. 놀라서 분유를 들고 달려갔더니 아들이 누워있는 둘째 옆에서 스스로 자기의 뺨을 때리고 있었다. 어찌나 세게 때리는지 얼굴이 씨뻘게진 상태였다.

"왜 이래!! 도대체 왜 네 뺨을 네가 때리는 거야?"

"난 나쁜 ××이야, 나쁜 아들이야, 아빠를 화나게 했어!"

울며 자기 스스로 얼굴을 때리고 있는 아들을 말리고는 급하게, 한밤중이었지만 소아정신과 의사에게 전화를 걸어 자초지종을 설명했다.

"아이가 이상해요, 자기 뺨을, 그것도 아주 세게 때리고 있어요!"

"아이가, 아빠가 그렇게 반응한 걸 자기 탓이라고 여기는 거야, 무조건 못하게 하고 자기 탓이 아니라고 분명하게 설명해줘야 해요!!"

그 거짓의 성안에서 서서히 질식해갔던 건 비단 나뿐이 아니었던 것이다.

공포 속에서

보통 엄마가 견딜 수 있었던 폭력의 임계점은 나 자신을 향했을 때까지다. 폭력의 대상이 아이들에게로까지 번져나가는 순간, 그것은 더 이상 부부의 문제가 아니라 인간으로서의 존엄과 모성(母性)의 본능에 대한 정면 도전이 된다.

가정 폭력에 노출된 아이들은 직접적인 피해자가 아니더라도 심각한 정신적 외상을 입는다. 이를 '대리 외상(Vicarious Traumatization)' 또는 '아동기 역경 경험(Adverse Childhood Experiences, ACEs)'이라고 하는데 아이들은 부모 간의 폭력을 목격하는 것만으로도 직접 폭력을 당한 것과 유사한 수준의 불안, 우울, 공격성 및 외상후스트레스 장애(PTSD)를 겪을 수 있다는 얘기다. 세상에서 가장 안전해야 할 공간인 가정이 가장 끔찍한 공포의 현장이 되는 것이다.

그런데 아들은 '대리 외상' 뿐만이 아니었다. 아빠의 폭력은 본인에게 직접적으로 가해졌고, 아이에게 집은 살기 위해 견뎌야 하는 삶이었다.

 아버지의 칠순 날이었다. 여의도 모처에서 잔치를 하고는 정리를 하며 집에 갈 준비를 하고 있었는데 아들이 보이지 않았다. 할머니, 할아버지, 이모할머니 등등 여러 사람이 아들의 이름을 부르며 찾아 헤맸는데 아들은 계속 보이지 않았고 이 시간이 길어지자 나를 포함한 어른들은 불안해지기 시작했다. 하던 일을 멈추고 계속 아들을 찾다가 문득 '아들이 먼저 차에 타 있는 게 아닐까?'라는 생각에 미쳤고 식당이 지하였기에 1층으로 달려가봤더니 역시나 아들은 건물 앞에 도착해 우리를 기다리고 있던 차 안에 타 있는 상태였다. 그날이 잔칫날이고 준비할 것도 많아 남편이 회사 차를 불렀는데, 아마도 남편과 내가 이제 집에 가자고 한 얘기를 아들이 듣고, 남편이 전화로 기사님을 부르는 소리를 듣고 미리 나와서 차량에 탑승한 상태인 듯했다.

 안도하고 있는 순간 아들을 찾았다는 소식을 듣고 남편이 지하 계단에서 1층으로 뛰어오다시피 하는 게 보였다. 그 분위기가 너무 무서워서였을까. 내 옆에 계시던 이모할머니의 친구분께서 "○서방, 아이가 알아서 차에 탄 건데 화낼 일이 아니지 않은가!"라며 남편을 말려보려고 했지만 남편은 무서워서 아무 소리 못 내고 표정이 얼어 있는 아들의 뒷덜미를 잡아채고는 "상관하지 마세요!"라고 외치며 아들을 남자 화장실로 끌고 들어갔다. 그리곤 바로 또 '찰싹!' 소리가 났다. 이모할머니의 친구분은 얼굴이 파랗게 질린 채 눈물을 보이셨고 말이다. 나 또한 거기서 말리면 폭력이 나에게로 번지며 일이 일파만파 커질 것을 알았기에, 아버지의 잔 칫날이 더 엉망이 될 것을 알았기에 참으며 아들에게 갔는데 아들은 또다시 벌겋게 부풀어 오른 뺨을 만지며 울음을 참고 있었고, 다시 차량에 타자마자 흐느끼기 시작했다.

"가장 깊은 배신은 적이 아니라,
가장 가까운 친구와 가족에게서 온다."

- 아이작 아시모프 *Isaac Asimov*

각서라는 마지막 희망이 재가 되어 흩어진 자리에는, 더 이상 어떤 기대도 남지 않았다. 약속은 손쉽게 뒤집혔고, 배신은 일상이 되었다. 이제 폭력은 더 이상 예측 불가능한 광기가 아니었다. 그것은 이 관계를 지배하는 유일한 법칙이자 언어가 되었다.

5장

약속과
배신

마약, 기쁨의 무게, 슬픔의 그림자

대중에게 비치는 내 모습은 일과 가정을 완벽하게 양립시킨 '슈퍼맘'의 전형이었다. 방송에서는 날카로운 지성으로 세상을 분석하고, 집에서는 한없이 따뜻한 미소로 아이들을 돌보는 모습. 사람들은 그 그림 같은 풍경에 아낌없는 찬사를 보냈고, 나 역시 인터뷰에서 아이들에 대한 지극한 사랑을 여러 차례 드러내며, 엄마로서의 기쁨을 숨기지 않았다. 사실 그 기쁨은 의심할 여지없는 진실이었다. 내 삶의 가장 어두운 터널 속에서 아이들은 유일하게 빛나는 희망의 빛줄기였으니까.

아빠의 폭력에 아들의 표정이 점점 어두워지고 말수가 줄어갈 때쯤, 난 책상 서랍 앞에서 구겨진 종이 뭉치를 발견했다. 아들에게 물어보니 서랍에서 뭘 찾다가 발견했는데 뭔지 몰라 그냥 뒀다는 것이었다. 종이를 펼쳐보니 담배 비슷한 것과 그 안에 든 내용물이 빠져나와 있었는데 처음엔 그게 피우다 만 담배라고 생각했지만 아니었다.

명품으로 온몸을 휘감고 다니는 걸 보다 못한 내가 "당신이 이렇게 계속 명품에 돈을 쓰면 나도 쓰겠다"라고 하자 "미쳤어?! 우리집 망하라고?"를 외칠 정도로 사치스러운 남편이 피우던 담배를 아낀다고 종이에 싸서 책상 서랍에 넣어뒀을 리가 없다는 생각이 든 것이다.

그렇다. 나중에 알고 보니 그것은 마약이었다.

얼마 뒤 남편은 또다시 집에 늦게 들어오기 시작했다. 이미 했던 경험으로 난 그에게 여자가 생겼음을 직감할 수 있었는데 그 정도가 점점 심해졌다. 내가 왜 이렇게 늦게 들어오냐고, 새벽 5시 반에 들어와서 옷만 갈아입고 나가는 게 말이 되느냐고 따지면 아이가 하나 더 생겼으니 미국 주식 장도 보며 돈을 벌기 위해 애쓰는데 그걸 이해 못 하는 아내가 나쁘다고 되레 쏘아붙였다.

그렇게 또다시 전쟁은 시작됐다. 남편은 과거와 마찬가지로 또 출장을 자주 갔고 출장 날짜를 속였으며 이를 따지는 내게 다시 손찌검도 시작했다. 손찌검 정도도 심해져 내 얼굴과 목은 멍투성이였고 분장실에서 나와 친한 분장사는 "여자는 얼굴 표정만 봐도 남편이 잘해주는지 못 해주는지 알 수 있어"라면서도 아무것도 묻지 않고 시퍼런 멍을 가려줬다.

그렇게 또 새벽 6시가 다 되어서야 집에 들어온 남편과 또 싸우고 오전 6시 반경 남편이 출근을 한 날이었다. 입에 담지 못할

욕까지 하고 나간 남편을 원망하며 그가 벗어던진 옷가지를 챙기고 있는데 오전 7시 20분쯤 그로부터 전화가 왔다. 친절한(?) 목소리로 잠시만 용산경찰서로 와달라는 것이었다.

"왜? 난 바로 출근 준비해야 하는데?"

"금방이면 되니까 잠깐만 들려줘."

갑자기 부드러워진 남편의 말투에 의아해하며 용산경찰서로 달려갔다.

남편은 '마약 수사팀'에 잡혀 있었다.

"이게 무슨 일이야?"

어리둥절해 묻는 내게 경찰이 설명했다.

"남편께서 마약을 투약했다는 첩보가 입수됐습니다. 보통 마약을 하면 배우자나 애인도 함께 하기 때문에 죄송하지만 김주하 씨도 소변 검사, 머리카락 검사 대상입니다."

그 순간 별의별 생각이 다 스쳤다. 그렇구나, 그럼 아들이 책상 서랍에서 발견한 종이로 싼, 피우다 만 담배 같은 건 대마초였던 걸까? 요즘 들어 남편이 제모를 한다며 왁스를 사다가 다리는 물론 등에 있는 털까지 밀고, 머리카락을 무슨 군인처럼 짧게 자른 것도 마약 검사에서 들키지 않기 위해서였나? 등등 말이다.

태어나서 난생처음으로 여경과 함께 화장실에 들어가 소변을 받아 건네주고 머리카락도 100가닥 정도 뽑아줬다. 원래는 150가닥을 뽑아야 한다는 말을 들으면서 말이다. 내가 이런 일까지 경험해야 하다니. 수치심과 분노가 머리끝까지 치솟았다. 남편은 변호사도 불렀는데 내가 너무 얄미워서 "왜? 마약을 안 했으면 변호사도 필요 없는 거 아니야?"라고 묻자 용산경찰서 마약수사대 내에 있는 모두가 부러워할 만한, 그러나 나는 전혀 예기치 못한 말과 행동을 그가 했다.

"난 괜찮아, 유명인인 당신이 걱정돼서 그렇지"라며 내 머리를 자기 입술 쪽으로 끌어당기며 이마에 키스를 한 것이다. 불과 1~2시간 전에는 여자 문제로 죽일 듯이 싸워놓고, 새벽 6시가 다 되어서 집에 들어왔으면서 경찰들 앞에서는 날 걱정하는 척하는 모습을 보여준 것이다.

그가 머리카락을 짧게 자르고 온몸의 털을 다 밀어서인지 마약 검사에서는 결국 음성이 나왔지만 훗날 이혼을 하기 위해 찾아간 변호사는 내게 이런 말을 해줬다.

"보통 이혼의 사유는 외도, 폭력, 사치, 마약, 도박, 알코올 등 6가지로 나뉘는데 이렇게 모든 게 다 들어간 경우는 처음 봅니다."

남편은 외국 국적인으로 도박장에도 수시로 다녔기 때문이었다.

헤어질 결심

아이들을 사랑했기에 난 더 혼란에 빠졌다. 아이들이 주는 행복이 클수록, 그 행복을 지켜야 한다는 책임감은 어깨를 더욱 강하게 짓눌렀는데 과연 이런 아빠와 같이 사는 게 아이들을 위한 건지 혼란스러웠다. 아이들의 순수한 눈망울을 볼 때마다, 이 아이들이 언젠가 자신들의 아버지가 저지른 기만과 악행, 어머니가 삼켜야 했던 고통을 알게 될까 봐 두려웠고 행복한 가정을 연기해야 한다는 압박감은 보이지 않는 감옥이 되어 나를 옥죄었다. '혹시 이런 압박감이 아이들에게도 전가되면 어떻게 하지' 하는 불안감과 함께.

이미 시작부터 잘못된 관계였음을 알았지만, 아이들에게는 온전한 아빠를 만들어주고 싶다는 생각에 '내가 조금만 더 참으면, 노력하면, 모든 것이 제자리로 돌아올 수 있지 않을까' 하는 실낱

같은 희망을 붙잡았지만, 한 번 금이 간 도자기는 아무리 정교하게 붙여도 물이 새는 법, 관계의 균열은 점점 더 깊고 선명해졌다. 아이들과의 행복한 순간과 절망적인 진실 사이의 간극은 내 영혼을 서서히 갉아먹고 있었다.

사람들은 내가 모든 것을 가졌다고 말하고 있었지만 이것이 나를 더 고통스럽게 하고 있었다. 내가 가진 가장 소중한 것, 바로 아이들이 주는 이 기쁨이, 동시에 이 거짓된 관계를 끊어내지 못하게 하는 가장 큰 족쇄가 되고 있었다.

이렇게 이러지도 저러지도 못하던 어느 날, 아들 방에서 아이들과 함께 잠들어 있던 나를 남편이 거칠게 깨웠다. 그의 눈은 분노로 이글거리고 있었고, 아침이었지만 입에서는 술 냄새가 진동했다.

"5,000만 원 어딨어?"

다짜고짜 돈을 내놓으라는 것이었다. 그가 전에 펀드에 가입하라며 주었던 돈이었는데 순간 난 남편이 '상간녀와 쓸 돈이 부족해졌나' 하는 느낌이 들었고 그렇기 때문에 순순히 돈을 주기가 싫었다. 하지만 당장 돈을 빼지 못한다는 나의 말은 남편의 마지막 이성의 끈을 끊어버렸다.

그의 폭력이 시작됐다. 아들과 아장아장 걷기 시작한 딸, 두 아이가 눈을 동그랗게 뜨고 그 모든 광경을 공포에 질려 지켜보고 있었다. 아이들이 놀라 울음을 터뜨렸지만 그의 손찌검은 멈추지 않았다. 돈을 내놓으라며 소리치던 그는 급기야 내 목을 조르기 시작했다. 숨이 막혀오고 눈앞이 아득해지는 순간, 나는 정말 이렇게 죽을 수도 있겠다는 생명의 위협을 느꼈다. 생존의 본능이 경고등을 켠 것이다. 그 순간, 과거 그가 나에게 내뱉었던 악담이 섬광처럼 뇌리를 스쳤다.

"사람들이 널 어떻게 보는 줄 알아? 아주 독하게 생겼대. 바늘로 찔러도 피 한 방울 안 나올 것처럼. 만약 19층 아파트에서 떨어져도, 사람들은 네가 네 성질을 못 이겨서 <u>스스로</u> 뛰어내린 줄 알걸?"

이 말은 나를 향한 오랜 가스라이팅의 정점이었다. 나의 강인한 이미지를 '독한 성질'로 왜곡하고, 사회적으로 나를 고립시키며, 심지어 나의 죽음마저도 내 탓으로 돌릴 수 있다는 끔찍한 암시. 반복되는 그 말의 무게 때문에 나는 혹시나 하는 마음으로 베란다 근처에는 가지도 않는 습관이 생겼을 정도였다.

하지만 이제 베란다까지 갈 필요도 없었다. 그의 손에 의해 아이들 앞에서 죽을 판이었다. 목이 졸려 거의 반쯤 기절하자, 그는 컥컥거리는 나와 울부짖는 아이들을 버려두고 밖으로 나가버렸다. 텅 빈 방 안에는 아이들의 울음소리와 나의 가쁜 숨소리만이 맴돌았다. 그 적막 속에서, 나는 나의 인내심이 마침내 그 한계에 다다랐음을 깨달았다. 아니, 진작에 넘어섰다는 것을 인정해야만 했다.

'학습된 무력감(Learned Helplessness)'은 내가 어떤 노력을 해도 상황을 바꿀 수 없다는 반복된 경험을 통해 형성된다. 나는 그동안 각서를 쓰고, 대화를 시도하고, 인내하며 이 무력감의 늪에 빠져 있었다. 하지만 죽음의 공포라는 극한의 경험은, 이 모든 것을 단숨에 깨뜨려버리는 강력한 각성제였다. 더 이상 물러설 곳이 없었다. 이제 선택은 단 하나, 나와 아이들의 생존이었다.

아들의 질문

자신의 아빠가 엄마를 해치고, 이제는 자신마저 위협하는 존재가 되었다는 사실을 그 작은 영혼이 어떻게 감당할 수 있을까.

이것은 나에게 마지막 경고였다. 이 관계를 지속하는 것은 더 이상 나만의 문제가 아니라, 아이들의 영혼을 병들게 하고 파괴하는 명백한 학대 행위라는 것. 나의 '보호 본능'은 그 어떤 이론이나 합리적 판단보다 앞서 비상벨을 울리기 시작했다. '어떻게든 가정을 지켜 아이들에게 아빠를 만들어주어야 한다'는 믿음이, 적어도 내 경우에는 어리석고 위험한 것일 수 있다는 생각이 앞서기 시작했다. 아빠라는 이름의 폭력 아래에서 아이들을 자라게 하는 것은 아이들에게 사랑이 아닌 공포를 가르치는 것과 다름없었다.

나는 아동에 대한 폭력이, 폭력을 목격하는 것이 아이에게 어떤 영향을 미칠 수 있나 찾아보기 시작했고 결국 정서적으로도 행동적으로도 인지적으로도 신체적으로도 나쁘다는 결론에 이르렀다. 엄마에게 폭행을 가하는 아빠의 모습을 보며 비명을 지르던 두 살배기 딸의 모습도 계속 눈앞에 아른거렸다.

그리고 아들에게 '아빠와 따로 사는 것'에 대해 물었다. 그런데 기뻐할 줄 알았던 아들의 대답이 미온적이었다. '혹시 아이는 아빠와 사는 걸 더 원하는 게 아닐까. 그래서 아빠가 출장을 갔다고 하면 보고 싶다고, 언제 오시냐고 반복해 물어본 걸까' 이런 생각에 차근차근 아이와 얘기를 했다.

아이의 상태는 생각했던 것보다 심각했다. 아들이 "아빠가 보고 싶다"고 했던 건 그 얘기를 엄마가 아빠에게 전해줄 것이고 그럼 자기를 덜 때릴까 기대했기 때문에 일부러 했던 말이었다. 난 눈물이 나는 것을 참으며 "이젠 그럴 필요 없다, 네가 원하면 아빠랑 따로 살 것이고 널 절대 때리지 못하게 하겠다"고 했는데, 그럼에도 불구하고 아들은 못 미더웠던 모양인지 이렇게 물었다.

"그럼 그동안은? 아빠가 날 때릴 때 엄마는 가만 있었잖아?"

이쯤 되니 눈물을 참을 수가 없었다.

"너도 알잖아. 아빠가 널 때리는 걸 말렸을 때 아빠가 어떻게 하는지…."

"아… 그랬구나…. 그럼 앞으로는 아빠가 날 못 때리는 거야? 아빠가 엄마도 못 때리고? 아빠랑 같이 안 살아도 되는 거야?"

아들이 오래간만에 환하게 웃었다.

그동안은 아이들을 위해 견뎠다. 하지만 이제는 아이들을 위해 떠나야만 했다. 폭력이라는 환경은 아이들에게 안정적인 애착 관계 형성을 방해하고, 세상은 위험하고 신뢰할 수 없는 곳이라는 왜곡된 '내적 작동 모델(Internal Working Model)'을 형성하게 한다. 이는 아이의 전 생애에 걸쳐 대인 관계와 정신 건강에 치명적인 영향을 미치게 되는데 실제로 당시 아들은 사람 눈을 보고 대화하지 못할 지경에 이른 상태였다. 내가 아이들에게 물려줘야 할 것이 상처와 공포의 대물림은 아니었기에 모든 망설임에 끝을 냈다. 더 이상 그가 변할 것이라는 헛된 희망도, 이 가정을 지켜야 한다는 사회적 체면도 중요하지 않았다. 내 아이들의 웃음과 안전, 그리고 망가지지 않은 미래를 지켜내는 것, 그것이 엄마로서 내가 해야 할 유일하고도 절대적인 사명이었다. 나는 맹수로부터 새끼를 지키려는 어미 사자처럼 내 모든 것을 걸고 싸울 준비를 해야 했다. 거짓의 성을 탈출해야 할 이유가 명확해졌다.

난 짐을 싸서 아이들을 데리고 집을 나왔다. 그가 없는 틈을 타, 최소한의 짐을 싸고는 아이들의 손을 잡고 뒤도 돌아보지 않은 채 그 집을 나섰다. 칠흑 같은 어둠 속으로, 미래를 알 수 없는 막막한 현실 속으로. 하지만 그것은 패배가 아니었다. 그것은 살아남기 위한 그리고 내 아이들을 살리기 위한 가장 용감한 선택이었다. 인내의 한계점에서 나는 비로소 나 자신과 아이들을 위한 진짜 싸움을 시작할 힘을 얻었다. 거짓의 성문은 그렇게 내 손으로 열렸다.

정신과 의사와의 만남

친정집에 들어가면 혹시나 지난번처럼 남편이 찾아올까 싶어 이번엔 동생 집으로 향했다. 그리고 나이는 나보다 많지만 아들 문제로 더 친해져서 이제는 오랜 친구가 된 정신과 의사를 만났다. 내가 제대로 된 판단을 하는 건가, 이혼은 한 번 결심하면 무를 수 없는 일이었기에 후회하지 않도록 다시금 확인을 해보자는 생각에서였다.

어쨌든 소아정신과 의사는 남편보다 나와 더 친하다. 그럼 내 말만 들은 상태에서는 내 쪽에서, 내 편에서 판단을 내릴 수도 있지 않을까. 그래서 난 남편과 나의 일 년 넘게 이어진 카카오톡 대화 내용을 다 보여줬다. 당시에는 2014년 '사이버 망명 사태'(검찰이 카카오톡을 이용한 감청과 압수수색을 진행하면서, 정치적인 발언을 한 일반 시민들의 대화 내용이 수사 대상에 오를 수 있다는 불안감이 확산되고 이로 인해

많은 사용자들이 카카오톡을 탈퇴, 해외 메신저로 대거 이동하는 현상이 벌어졌었는데, 이 사건 이후 카카오톡은 일정 기간이 지나면 사용자의 대화 내용이 삭제되게 만들었다) 이전이었기에 남편과 주고받은 카카오톡 내용이 전부 저장돼 있었기 때문이었다. 30분 넘게 이 내용을 전부 읽어본 소아정신과 의사에게 내가 물었다.

"나쁜 아빠라도 있는 게 낫지 않을까요?"

그러자 소아정신과 의사가 말했다.

"어릴 때는 놀아주는 아빠가 필요하지만, 아이가 커서는 본이 되는 아빠가 필요해요. 지금 아빠는 전혀 본이 되어주지 못하고 있어요. 특히 아들에게 있어 아빠는 세상을 보는 창인데, 지금 주하 씨 아들은 사람들 눈도 제대로 못 바라보잖아. 아빠가 무서우니 세상이 무서운 거지…."

"지금까지 아이들을 위해 버틴 건데 그럼 헤어질래요."

그러자 의사는 갑자기 내 손을 덥썩 잡으며 외쳤다.

"잘 생각했어!!!"

"아니, 그럼 진작 얘길 해주지 왜 지금껏 가만히 있었어요?"

"생각해봐, 살아보려고 발버둥 치는데 어느 의사가 헤어지라고 해?"

할 말이 없었다.

당시, 아니 지금까지도 나와 가까운 연예인이 두 명 있다. 바로 배우 손현주 씨와 이제는 개그맨보다는 작가라는 말이 더 어울리는 고명환 씨다. 집 앞 가게에서 이들을 만났을 때 나는 내 결심을 밝혔고, 남편과 일면식이 있는 두 사람은 처음엔 놀라서 말을 잇지 못하다가 결국 날 뜯어말리기 시작했다. 특히 손현주 씨는 "만일 이 소식이 전파를 탈 경우 네 경력에 큰 흠집이 날 수 있다. 특히 일과 가정 다 가진 너를 시기하는 세상이 신나게 널 물어뜯을 것이다. 남자 거기서 거기니 참고 살아봐라"라고 했지만 난 그에게 남편의 마약, 아들에 대한 폭력 같은 것은 말할 수 없었다.

며칠이 지난 뒤에 두 사람은 또 찾아왔다. 절대 이혼만은 안 된다면서 말이다. 두 사람은 나 없이 남편을 만나보겠다고까지 했지만 내 결심은 확고했다. 남편이 어떻게 거짓말을 할지 뻔했기 때문이었다. 당시 교회에서 만난 여러 부부들 중 몇몇 남자들이 남편을 찾아가 이혼만은 안 된다고 하자 그는 이렇게 이야기했다고 했다.

"주하가 단단히 오해를 하고 있어요. 전 너무나 결백한데…."

이 얘기를 전해 듣고 온 부인들이 나에게 "오해를 풀어라, 이혼만은 안 된다"며 말렸지만 그가 2009년에 잘못했다며 직접 쓴 편지와 공증각서, 그리고 내가 폭행당한 증거 사진들을 보여주자 아무 말 못하고 떠나갔다.

결혼은 상대의 현재와 미래뿐만 아니라, 그의 과거까지도 온전히 끌어안는 일이다. 수많은 사람과 사건의 진실을 파헤치는 앵커라는 직업을 가졌으면서, 정작 내 인생의 가장 중요한 진실 앞에서는 눈뜬장님이었다는 사실에 절망하면서 난 이 거짓의 성을 지키려고 발버둥 친 게 얼마나 바보 같은 일이었나 자책했다. 믿었던 사람의 거짓말을 의심하는 것은 그 자체로 관계를 해치는 행위가 될 수 있다는 두려움 때문에, 종종 의심의 신호를 애써 무시해온 것 같기도 하다. 하지만, 이제는 말할 수 있다. 기만으로 쌓아 올린 관계는 사상누각(沙上樓閣)에 불과하다고. 그런데 이게 끝이 아니었다. 이제 내가 발 딛고 있던 믿음이라는 땅이 꺼져 내리는 감각, 진짜 끔찍한 배신의 서막이 올랐다는 것을 이때는 몰랐다.

시어머니의 두 얼굴

"거짓된 희망보다 더 위험한 것은 없다."

- **프리드리히 니체** *Friedrich Nietzsche*

이 상황에서 마지막으로 시어머니에게 연락을 했다. 아들의 폭력을 막아줄 수 있는 유일한 사람, 최소한 내 이야기에 귀를 기울여주고 중재에 나서줄 것이라 믿었던 어른이었다. 나는 그동안의 모든 일을 털어놓으며 눈물로 호소했다. 남편의 잘못을 꾸짖고, 이 비극을 멈추게 해달라고 애원하자 그녀는 처음에는 나의 이야기에 충격을 받은 듯 보였고, "내가 아들을 단단히 야단치겠다"며 나를 안심시켰다. 시어머니가 남편과 2009년 주고받은 소름끼치는 말을 기억했지만 그래도 진짜로 아들을 생각한다면, 진짜로 아들을 사랑한다면 그를 고치려 할 것이라고 믿었다. 그것은 어둠 속에서 기대한 마지막 한 줄기 빛이었다.

하지만 그 희망은 가장 잔인한 방식으로 나를 배신했다. 며칠 뒤, 나에게 돌아온 것은 아들을 꾸짖는 목소리가 아니었다. "네가 오죽했으면 애가 그랬겠니", "남편을 하늘처럼 모셔야지, 네가 너무 잘나서 탈이야." 모든 폭력의 원인을 나에게 돌리는 비수 같은 말들이었다. 아들의 잘못을 덮기 위해, 그녀는 기꺼이 며느리인 나를 희생양으로 삼는 쪽을 택했다. 나는 그 순간 내가 한 개인으로서가 아니라, 그들의 가족이라는 시스템을 유지하기 위한 하나의 부속품으로만 취급되고 있었다는 사실을 깨달았다.

그녀의 두 얼굴은 나에게 남편의 폭력과는 또 다른 차원의 충격과 절망을 안겨줬다. 이는 신뢰하는 대상에게 이중으로 배신당하는 '제도적 배신(Institutional Betrayal)'과 유사한 경험이었다. 가족이라는 제도는 구성원을 보호하고 지지해야 할 의무가 있지만, 그 제도가 오히려 가해자를 옹호하고 피해자를 비난할 때, 피해자는 어디에도 기댈 곳 없는 완전한 고립감에 빠지게 된다.

나는 그녀가 내 편이 되어주리라 기대했던 것이 얼마나 어리석었는지를 깨달았다. 그녀에게 중요한 것은 며느리의 고통이나 손주들의 상처가 아니었다. 오직 자신의 아들과 가문의 체면뿐이었다. "너만 참으면 모든 게 평화롭다"는 그녀의 말은, 결국 나의 희생을 강요하는 또 다른 형태의 폭력이었다. 그녀의 위선적인 태도 앞에서 나는 이 싸움이 결코 가족 내부에서 해결될 수 없다는 것을 명확히 인지하게 되었다.

마지막 희망의 불씨가 꺼지는 순간, 역설적으로 나의 길은 더욱 선명해졌다. 더 이상 누구에게도 기대거나 의지할 수 없었다. 이 싸움은 처음부터 끝까지 나 혼자서 감당해야 할 몫이었다. 시어머니의 배신은 남은 마지막 미련과 환상까지도 모두 제거해줬다. 이제 남은 것은 오직 하나, 법의 심판대 위에서 진실을 가리는 것뿐이었다. 그래서 가장 깊은 절망 속에서 가장 강한 결심을 하게 되었다. 누구의 도움도 없이 오직 두 아이의 손을 잡고 세상의 법정이라는 무대로 걸어 나가기로 말이다.

전파를 탄 이혼 소식

　트라우마는 낯선 사람에게 당할 때보다, 의존하고 신뢰하는 대상(부모, 배우자 등)에게 배신을 당했을 때 훨씬 더 깊고 파괴적인 상처를 남긴다. 생존을 위해서일까. 한동안은 나를 속인 그를 욕하기보다는 "내가 바보 같았기에 당했다"고 스스로를 자책하며, 그의 잘못을 인정하는 것보다 차라리 내 탓을 하며 지냈다. 그게 이 무너진 현실을 이해하는 데 조금이나마 덜 고통스러운 방법이라고 여겼을지도 모르겠다.
　하지만 정신과 의사는 내게 큰 힘이 되어주는 말을 해줬다. "이렇게 서류까지 위조해서 속이기로 작정하면 누구든 속을 것"이라고. 그리고 1년 이상 쌓인 남편과 나의 카카오톡 대화 내용을 다 본 결과, 내가 나 스스로를 지킨 게 신기할 만큼 대단하다고, 정신과 의사인 자기 자신조차도 이 정도면 '자의를 잃어버렸을 것'이라고 말이다.

그런데 남편과 나 사이에는 내가 상대해야 할 또 한 사람이 있었으니 바로 시어머니였다. 난 시어머니의 성향을 이미 파악하고 있었기에 시어머니부터 포섭에 들어갔다. 내가 애들을 데리고 집을 나오자마자 남편에게 소식을 들었는지 연락이 왔는데 "절대 이혼은 안 할 것"이라며 그녀부터 안심시킨 것이다. 그럼 왜 애들을 데리고 나갔느냐는 시어머니의 의심 서린 질문에는 "한 번, 두 번 참았는데 그게 아까워서라도 이혼은 안 한다"고 설득했다.

그런데 이게 오히려 남편을 안심시킨 것일까. 사실 남편의 외도와 폭행 등으로 집을 나간 며느리가 "이혼은 안 할 것, 하지만 그를 바로잡기 위해 충격요법을 쓴 것"이라고 하면 시어머니도 그에 동조해 아들을 나무라야 하는데 오히려 남편은 시어머니에게 이 얘길 전해 듣고는 나를 더 비웃은 것이었다. 내 '이혼 결심'은 점점 더 강해져갔다.

나의 이혼소송 소식이 전파를 탄 뒤, 정말이지 수없이 많은 제보 아닌 제보들이 쏟아져 들어왔다. 당시 민주당에서 대선불복 선언을 하는 의원들도 있었지만 다 묻힐 정도로 내 이혼소송 소식은 그야말로 전국을 강타하다시피 했다.

예상은 한 바였다. 대중 앞에서, 대한민국에서 가장 신뢰받는 앵커로 잘나가던 여성이, 가정과 일 모두에서 성공한 듯했던 여성 앵커가 추락하는 듯한 모습은 기자들의 호기심을 자극했고 김주하가 왜 이혼을 결심을 했을까, 그렇다면 대체 왜 둘째를 낳은 걸까 질문도 쏟아졌다.

뉴스를 전하고 있었지만 카메라 불이 꺼진 뒤의 나는 그 누구도, 심지어 나 자신조차도 믿지 못하는 망가진 한 인간일 뿐이었다.

"정의는 가장 어두운 밤에 가장 밝게 빛나는 별이다."
- **마틴 루터 킹 주니어** *Martin Luther King Jr.*

가장 안전해야 할 공간이 가장 위험한 전쟁터가 되었을 때, 남은 선택지는 많지 않았다. 침묵 속에서 스러져가거나, 세상의 모든 소음과 편견을 감수하고 진실의 목소리를 내거나. 마이크를 내려놓고 법정이라는 낯선 무대에 서기로 결심하기까지, 수많은 밤을 눈물로 지새워야 했다.

6장

법정이라는
무 대

쏟아진 제보

 대중의 신뢰를 먹고 사는 나에게 "넌 너무 집요해", "아무도 널 믿지 않아", "네가 얼마나 독해 보이는 줄 알아?"라는 말은 존재 자체를 부정당하는 듯한 고통을 안겨줬다. 수많은 사람 앞에서 진실을 말하는 직업을 가진 사람이었지만, 정작 내 집에서는 나의 진심을, 나의 존재를 증명해야만 하는 기이하고도 잔인한 상황에 놓여 있었기 때문이었다. 완벽해 보였던 나의 프로페셔널한 모습 뒤편에서는, 이처럼 위태로운 심리적 전쟁이 매일같이 벌어지고 있었고 내 목소리 또한 점점 잃어가고 있을 찰나, 내 이혼소송 소식이 뉴스를 탔고 이에 제보 아닌 제보가 쏟아져 들어오기 시작했다.

 첫 번째 제보는 결혼하자마자 살았던 아파트 주민으로부터 왔다. 그의 말에 따르면 결혼 초 내 결혼 기사를 보고 당시 나와 함께 아파트를 출입하던 남편의 얼굴도 알아봤다고 했는데, 이상한 점이 있었다고 했다. 내가 퇴근하기 전, 저녁 일찍 내가 아닌 다른 여자를 데리고 엘리베이터를 타고 집으로 들어가더라는 얘기였다. 그때가 신혼 초라 '설마…' 했었는데 한두 번이 아니었고 외도 소식을 듣고 이제서야 나에게 전해줄 용기가 생겼다고 했다.

그 말을 듣는 순간 내가 9시부터 생방송 뉴스를 하느라 아무리 빨라도 밤 10시 반 전에는 집에 올 수가 없었고, 집에 오면 가끔씩 남편이 누군가와 와인을 마신 듯한 흔적이 있었던 것이 기억났다. 이 제보가 사실이라면 남편은 신혼 초부터 나 이외에 다른 여자가 있었다는 말이 된다. 그뿐만 아니라 초기 만남 때 남편이, 시어머니로부터 내 연락처를 받고도 바로 연락을 하지 않고 몇 달을 끌었던 이유도 갑자기 설명이 되었다.

두 번째 제보는 남편이 있는 회사에서 잠시 일했다는 차량 기사님으로부터 왔다. 예전에 남편이 회사 동료와 함께 두 명의 클라이언트와 골프를 친다며 주말에 나간 적이 있었는데, 그날 밤 나는 상가에 갈 일이 있었다. 집에 아이만 둘 수 없어 밤늦게 들어온 그와 교대를 하면서 나는 그의 회사 차를 이용해 상가로 이동을 했는데, 주말에도 기사님이 일을 하는 게 안쓰러워서 돌아오는 길에 '양념통닭'을 사서 드린 적이 있었다. 그런데 사실 남편은 두 명의 클라이언트가 아니라 당시 본인이 사귀고 있었던 여성 포함 두 명의 여자를 그 차에 태웠고 4명이 뭘 좀 먹은 뒤 남편은 사귀던 여성의 집으로, 다른 회사 동료와 남은 여성은 따로 만남을 가졌다는 제보였다. 이 사실을 다 알고 있던 기사님께 내가 그날 고

생했다며 통닭을 사드리니 그분은 계속해서 양심의 가책을 느꼈고, 내 이혼 기사가 언론에 뜨자 결국 내게 연락을 해온 것이었다.

난 그에게 고맙다고 말하고 해당 내용을 녹음하겠다고 했지만 그 녹취를 사용하지는 않았다. 그가 내게 제보한 일로 회사에서 해고를 당할까 우려됐기 때문이었다.

세 번째 제보도 남편 회사 사람으로부터 왔다. 한동안 남편은 회사에서 인턴 교육을 맡겼다며 자랑삼아 얘길 했었는데, 그 사람의 말에 따르면 남편은 젊은 여성 인턴들에게 자주 뭘 사주고 저녁 자리를 가지며 불안한 행태를 보였다고 했다. 특히 어떤 여성 인턴과는 잠자리도 함께하며 사귀었다고도 전했다. 얘기를 더 들을 것도 없었다. 남편을 믿고 그동안 참아온 내가 얼마나 바보 같이 느껴졌는지 모른다.

네 번째 제보는 시어머니 집에서 일하던 도우미로부터 왔다. 아이를 키우면서 당시 나는 도우미를 수차례 바꾸었다. 어떤 이는 시간 약속을 지키지 않고 어떤 이는 손버릇이 나빴으며 어떤 이는 아이를 제대로 돌보지 않고 말도 없이 자기 일을 봐야 한다며 집을 비운 적이 있었기 때문이었는데 그때마다 시어머니는 "돈을 많이 안 줘서 그렇다"며 날 책망했었다. 본인은 미국 집에 있는 도우미에게 한 달에 3,000불씩 준다면서, 그러니 도우미로부터 생일에 샤넬백까지 선물을 받는 것이라고 했다. 내 월급으로는 도우미까지 쓰는 게 힘들었지만 아이도 없이 혼자 사는데도 도우미에게 매달 3,000불씩 준다는 그녀의 말에 내심 속으로 존경했었다. 그런데 그 도우미 아주머니가 다른 사람을 통해 내게 연락을 해온 것이었다. 이제는 그 집에서 도망쳐 나왔다면서 말이다.

내용은 이러했다. 시어머니는 미국 집 근처에서 널싱홈(nursing home)을 운영하고 있었는데 이 도우미에게 앞으로는 널싱홈(요양원)으로 출근하라고 했다. 이후 도우미는 아침에 일어나 시어머니의 식사를 챙기고 시어머니와 함께 널싱홈으로 출근을 해서는 그곳 한인들의 식사를 만들었으며 저녁에 다시 집에 오면 청소 등 집안일을 하고 있었는데, 영주권을 만들어준다는 시어머니의 말을 믿고 수년간 월급이 밀리고 또 월급을 안 주는 일이 반복됐음에도 참고 참다가 결국은 밀린 월급을 포기하고 그 집을 나왔다는 얘기였다. 물론 시어머니에게 샤넬백을 선물한 적도 없고 말이다. 그런데 도우미가 그 집을 나오기 전, 시어머니와 함께 한 차로 출근을 하던 어느 날 내 남편으로부터 전화가 왔고 운전 중이었던 시어머니는 스피커폰으로 전화를 받았다고 했다.

"엄마 오늘은 주하가 갈색 바지에 블라우스를 입고 출근했고, 가방은 검정색을 들었는데…."

남편의 말을 시어머니가 끊었다.

"갠 한 달째 가방을 안 바꾸고 다닌 거네? 창피하지도 않나 봐!"

"응, 그리고 저녁으로는 김치찌개를 먹었고 어제도 개랑 안 했…."

여기까지 얘기가 나오자 시어머니는 당황하며 차에 다른 사람도 탔다고 말하고는 급히 전화를 끊었다고 했다.

이후 이 도우미는 시어머니에게 이렇게 매일 아내의 옷차림, 아내가 챙겨준 식사 내용, 아내와 남편만이 아는 은밀한 이야기를 시어머니에게 다 보고하는 남편을 보고는 저 집안(나와 남편)이 오래가지 못할 것이라고 확신했다고 했다. 또한 얘기를 하고 싶어도 못하다가 내 이혼소송 보도가 나간 것을 보고 알려줄 것을 결심했다고 전했다.

커터칼 사건

　아이들과 집을 나서고 얼마 안 있다가 추워지자 난 아이들과 내 짐을 가지러 집으로 갔다. 그리곤 내가 나올 때 뒀던 도우미용 녹음기를 갖고 나오려고 했는데 아이들을 데리고 당장 집으로 돌아오라던 남편은 아파트 현관문의 열쇠를 바꿔놓은 상태였다. 기가 막혔지만 열쇠 수리공을 불러 열쇠를 따고는 집에 들어가 아이들 옷가지와 내 옷을 몇 벌 챙겼다. 그런데 안방에 노트북 컴퓨터가 열려 있는 게 아닌가. 그곳엔 그가 그녀에게 보낸 메시지 등이 가득 들어 있었는데 내용이 충격적이었다. 이번 상간녀와 지난번 상간녀의 이름이 같아 헷갈렸던 상황. 하지만 두 사람은 성이 다른 사람이었고 이번 상간녀는 임신을 한 상태였다.
　게다가 남편은 나와 아이들이 살던 집을 고쳐서 그녀와 함께 살 궁리 또한 하고 있었다. 녹음기에 들어 있는 내용에 따르면 "아들 방은 ○○의 옷방으로 하고 가장 작은 방에는 신발장을 짜 넣어 ○○의 구두를 넣을 수 있게 개조해주겠다"는 것이었는데 다른 것도 아니고 아이들 방을 상간녀를 위해 바꾸겠다는 심보에 난 거의 머리가 터질 지경으로 화가 났다. 그도 그럴 것이 그가 법원에 제출한 내용을 보면 "아이들 양육권과 친권만은 빼앗지 말아달라"고 애원하다시피 써 있었기 때문이다. 법원에서의 그의 주장대로라면 애들 방은 그대로 두고 나만 나가야 하는 게 아닌가? 상간녀가 아이들도 다 키우고 말이다. 내가 이 같은 앞뒤 안 맞는 괴리가 이해 안 된다며 변호사에게 묻자 변호사는 "남편이 아이들 양육권과 친권을 주장해야 주하 씨가 나머지 재산을 포기할 것이기 때문"이라고 내게 충고해줬다.

내가 노트북 컴퓨터를 통해 상간녀의 이름과 임신 사실을 알아내고, 제보자를 통해 상간녀가 과거 술집에서 일하던 여성인데 이젠 물러나 고깃집에서도 일하고 있다는 것을 알아내서일까. 갑자기 그는 이사를 준비했다.

이 사실을 모른 채, 여자애라 그런지 두 살배기인데 벌써부터 용변을 조금씩 가리기 시작한 둘째의 어린이용 변기를 가지러 집으로 향한 날이었다. 물론 남편과 부딪히지 않기 위해 낮 시간에 말이다. 그런데 1층에서 웬 이삿짐센터 사다리차로 누군가 짐을 빼고 있었다. '누구 집이지…?' 생각하며 엘리베이터에서 내리는 순간, 난 내 눈을 의심할 수밖에 없었다. 내 집에서 세탁기, 건조기 등 짐이 빼내어지고 있었던 것이다. 거실에서는 시어머니가 이삿짐센터 사람들에게 일을 시키고 있는 중이었고 말이다. 물론 난 시어머니가 한국에 온 것도 몰랐다.

"아니 언제 오셨어요? 그리고 왜 짐을 빼는 거예요?"

내가 묻자 시어머니는 답했다.

"너 이혼 안 한다며? 안 한다며? 이혼할 거면 내가 이혼시킬 거야, 네가 감히 내 아들과 이혼을 해?"

황당했다. 나에게 '자식 잘못 키웠다'고 해도 모자랄 판에, 남편이 바람을 피운 것을 다 알면서 날 공격하다니?

당장 변호사에게 전화를 걸었다. 남편의 살림살이기도, 내 살림살이기도 했기에 무조건 갖고 가는 건 안 된다고 할 수 없었기 때문이었는데, 변호사는 "공동 짐은 몰라도 만약 포장 박스를 열어서 내 것이 조금이라도 들어 있다면 못 갖고 가게 말릴 수 있다고 했고, 난 이삿짐센터 사람들이 갖고 있던 커터칼을 빌려 그들이 박스 포장해둔 짐을 다시 열기 시작했다. 그런데 시어머니가 "네가 뭔데!?"를 외치며 박스를 못 열게 하는 게 아닌가. 내가 "내 짐이 있나 보려고요"라며 그 다음 박스를 열어보자 거기엔 누가 봐도 성인 여성의 것, 그러니까 내 가방, 내 옷가지들이 들어 있었는데 그 순간 시어머니가 외쳤다.

"이 ×이… 날 죽이려고 한다!!! 나한테 칼을 들이대며 죽이려고 해!! 사람 살려! 사람 살려!!"

몇 초간 이게 뭔 말인가 싶어 시어머니의 과장된 연극을 멀뚱히 지켜보던 나는 문득 '아 이러다간 내가 당하겠다'는 생각이 들었다. 왜 이런 연극을 하는지 뻔히 속이 보였기 때문이었다. 첫째, 이런 연극으로 내가 놀라 머뭇거린다면 이사가 쉽고 둘째, 나에게 살인미수 혐의를 씌운다면 앞으로 벌어질 여러 이혼소송, 남편의 폭행 사건 형사재판 등에서 유리한 고지를 점할 수 있기 때문이었다. 여기에까지 생각이 미치자, 어떻게 해서든 이 혐의에서 벗어나야겠다고 생각했고, 달리 방도가 없던 나는 핸드폰의 녹음 기능을 켠 채 바로 옆, 그리고 주변에 있던 이삿짐센터 사람들에게 "제가 저분을 죽이려고 했나요? 제가 칼을 저 분에게 들이댔나요? 제가 칼로 박스를 열기만 하는 걸 보지 않으셨나요?"를 외치며 그 사람들의 답과 반응을 녹음했다. 하지만 이 또한 얼마 가지 못했다. 시어머니는 바로 남편에게 전화해 울면서 "저 ×이 날 칼로 죽이려 했다"며 울었고, 그 말을 듣자마자 남편이 경찰에 신고를 한 것이었다.

난 곧바로 들이닥친 경찰들에 의해 연행됐다. 내가 경찰서에 도착했을 때 시어머니는 먼저 도착해 진술을 하고 있었다. 경찰서 안 또 다른 작은 방에 있던 시어머니의 모습을 난 아직도 잊을 수가 없다. 눈물 콧물을 쏟으며 손까지 벌벌 떨며 날 손으로 가리키던 모습을. 경찰들도 신고를 받고 날 붙잡긴 했지만 곤란해하는 표정이 역력했다. 나는 사건 직후 비록 전화기로지만 녹음했던 내용을 들려줬고 일단 경찰서를 나왔는데 내가 한 가지 놓친 부분이 있었다. 며칠 뒤 〈일요신문〉에 단독기사, "김주하 시어머니 존속폭행 혐의로 피소"라는 자극적인 제목이 뜬 것이다. 언론은 "김주하가 시어머니를 협박했다, 폭행했다"며 "대한민국 女 우상의 비극"이라는 보도와 시어머니의 주장이라며 "김주하가 너 오늘 죽어볼래?"라고 했다고 보도를 쏟아냈다. 남편 측이 언론을 이용한 것이다.

당시 이삿짐센터 아저씨들도 조사를 받았는데 하나같이 "김주하 씨는 시어머니에게 반말을 하지도 않았고 존댓말을 썼다"고 증언했지만 시어머니 혼자만의 주장이 여과 없이 보도되고 있는 것이었다.

언제는 내가 욕심나서 유부남인 아들의 정체도 숨기고 접근해 소개하더니, 이젠 언론 플레이를 하는 시어머니가 기가 막혔지만, 내가 사건 직후 녹음한 내용이 있어 그래도 좀 안심하고 있었는데 문제는 그 다음이었다.

뒤바뀐 진술

처음에 경찰은 내 녹음파일도 있고 주변인들의 증언도 나와 일치해 사건을 없었던 일로, 무혐의 처분을 하려고 했다. 그런데 변호사로부터 연락이 왔다. "이삿짐을 나르던 아저씨의 증언이 바뀌었다"고 말이다. 갑자기? 이해할 수 없었지만, 여러 명의 이삿짐센터 아저씨들 중 누구인지 알 수 없고 연락처조차 모르니 이 소식을 듣고도 알아볼 방법이 없었다. 알고 보니, 시어머니와 남편은 평소 말 그대로 정말 우리나라 경찰들을 바보로 본 듯했다. 한 아저씨의 진술이 바뀌기 전에 남편과 그 아저씨가 통화한 내역을 경찰이 찾아낸 것이다. 그것도 10차례나 말이다. 경찰은 남편이 아주 질 나쁜 사람이라며 내게 무혐의 처분을 내려줬지만 이미 내가 시어머니를 위협하고 협박했다는 언론 기사는 다 나간 상태, 나는 시어머니를 죽이려 칼까지 들이댄 나쁜 며느리가 돼 있었다.

그 뒤 난 아이들과 텅 빈 집으로 돌아갔다. 이 집 저 집 전전하던 것도 지쳤고 아빠를 피해 도망 다니느라 몇 달간 학교를 못 다닌 아들도 학교를 다녀야 했으며 어차피 남편이 이사를 가버려 집이 비어 있었기 때문이었는데 나는 또 한 번 놀라야 했다. 아이들 빨래를 넣을 건조기 같은 것은 물론 아직 두 살이 채 안 된 둘째 이유식을 해 먹이기 위한 다지기 등 요리 기구와 내 짐도 사라진 것이다. 특히 내 옷과 가방, 구두, 운동화 등도 쏙 빼갔고 덕분에 옷장과 신발장은 텅텅 빈 상태였다. 시어머니가 평소 내 옷과 가방을 사용하며 눈독 들였던 것을 알고는 있었지만 내 물건까지 다 갖고 갈 줄은 몰랐는데 말이다. 웃겼던 건 부츠는 맞지 않았는지, 그럼에도 내가 신는 건 싫었던 건지, 한 짝씩만 가져갔다는 점이었다. 내 사진은 갈가리 찢겨 있고 말이다.

나는 그런 모습 또한 다 촬영해 놓았다. 커터칼 사건 이후 비슷한 일이 또 벌어질까 불안했던 나는 혹시 몰라 친구들을 데리고 갔고, 그 친구들을 통해서 이날의 황당한 모습들이 여기저기 알려지기 시작했다. 평소 내가 화려하진 않았지만 그래도 옷 잘 입는다는 소문은 있었던 터라, 이 소식을 들은 다른 친구들은 나를 측은하게 여겼던 모양이다. 얼마 뒤 갑자기 문자메시지가 도착했다.

"주하야 별 거 아니지만 당장 신을 신발도, 가방도 별로 없다고 들었어. 내가 한 번밖에 신지 않은 구두랑 거의 들지 않은 가방이야, 제발 좀 사용해줘."

놀라서 아파트 현관문을 열어봤더니 친구들이 현관문 앞에 내가 입을 옷이며 가방, 신발들을 가져다 놓은 상태였다. 난 이것들을 안고 통곡했다.

합의 조건과 이혼 자료 해킹

　남편은 나를 폭행한 혐의로 법원에서 유죄 판결을 받았다. 과거 내가 남편의 폭행 사실을 숨기기 위해 병원에 가지 않거나, 갔어도 "넘어졌다, 사고가 나서 다친 것이다"라며 둘러댔기에 증거가 남지 않은 경우는 어쩔 수 없었지만 최근의 폭행에 대해선 모든 증거가 남아 있었기에 법원에서 유죄 판결이 나온 것이다. 이 과정에서 남편 측 변호사가 남편에게 불리하다고 언질을 준 것일까. 남편 측에선 이런 제안을 해왔다.
　"남편과의 이혼과 관련된 그 어떠한 책도 쓰지 않는다"는 조건 하에 합의를 하자는 것이었다. 나는 당시 책을 쓸 생각이 전혀 없었지만 그가 나에게 "책을 써라 마라" 하는 건 용납할 수가 없었고 단칼에 거절했다.
　당시 난 남편과 시어머니가 저지른 온갖 일들을 다 일일이 적어 클라우드에 저장하고 있었다. 증거물품도 사진으로 찍어서 말이다. 날 속이고 외도한 증거부터 남편이 조작한 미국 내 결혼 증명서, 내 물건들을 갖고 가 텅텅 빈 옷장이며 신발장, 찢어진 사진 모습도 다 클라우드에 보관해 놓고는 필요할 때마다 찾아 변호사에게 보여주곤 했는데, 어느 날, 이 클라우드에 있던 모든 자료가 사라졌다.

처음엔 잘못 본 줄 알았다. 하지만 아무리 다시 로그인을 해도 그대로였고 다른 사람의 사진만 잔뜩 들어 있었는데, 유심히 보니 남편의 사촌 사진이었다.

'남편의 사촌이 자기 여자 친구와 찍은 사진 등이 갑자기 왜 내 클라우드에 들어 있는 거지?'

답은 하나였다. 전문가에게 찾아가 물어보니 남편과의 소송을 준비하면서 내가 무슨 증거를 갖고 있나 알아보기 위해 내 클라우드를 해킹한 것 같다고 한 것이다. 당시 남편은 외국인이라 휴대전화 가입이 쉽지 않다고 해서 내 이름으로 휴대전화에 가입을 해준 상태였는데, 그러다 보니 그 휴대전화로 내 클라우드와 연동이 가능해졌고 그 과정에서 비밀번호 같은 것을 모르니 억지로 해킹을 시도한 모양이고, 그 과정에서 남편 사촌의 사진이 대신 들어가게 된 것이다. 난 이렇게 갖고 있던 자료와 증거마저 다 털려버렸다.

도둑맞은 차량

난 돈이 없었다. 2010년부터는 남편과 통장을 합쳐서 사용하기로 했지만 명품을 좋아하는 남편 때문에 통장은 늘 비어 있었고 남편이 여전히 시어머니의 주식 계좌에 돈을 넣어두니 정확한 액수도 계좌 정보도 알 수 없었다. 그러니 당연히 이혼소송을 할 돈도 준비돼 있지 않았다.

이혼소송 소식이 알려지자마자, 놀이터에서 남편이 아들의 뺨을 때린 사건을 목격했던 내 초등학교 친구가 울며 찾아왔다. "분명 내가 아는 너는 변호사 살 돈도 없을 걸"이라고, 돈 500만 원을 내밀면서 말이다. 평소 알뜰살뜰 살던 친구네를 알았기에 "야, 네 남편이 알면 기절해, 얼른 다시 넣어"라고 했더니 "남편도 알아, 남편이 먼저 갖다주랬어…"라고 하는 게 아닌가. 하지만 난 받을 수 없었다. 내겐 내 이름으로 된 차량이 있기 때문이었다. 내가 팔

것이 있는데 다른 사람에게 돈을 받아 쓴다는 건 내 기준으로는 용납이 되지 않았고, 그래서 산 지 1년이 안 된 차량을 중고차 시장에 내놓기로 했다.

예전 남편 친구 소개로 알게 된 중고차 딜러에게 말이다. 한동안 구매자를 찾아 헤맸지만 내 차량이 당시는 흔치 않았던 초콜릿 색상이었기에 중고차 시장에서 인기가 없어 잘 팔리지 않았고 여러 소송과 회사 일로 신경 쓸 게 많았던 나는 결국 그 딜러에게 모든 권한을 넘긴 뒤 그에게서 소식을 기다렸다.

그런데 차량을 넘긴 지 한참이 지나도 연락이 없어 딜러에게 전화를 했지만 딜러는 받지 않았다. 요리조리 내 전화를 피하던 그는 내가 고소를 하겠다고 하니 그제서야 고백을 했다. 차량은 바로 팔았는데 자기 사정이 어려워 받은 돈을 생활비로 다 써버렸다고 말이다.

분명 중고차 딜러 사무실에서 서류도 쓰고 계약서도 썼는데 이게 무슨 말이지? 결국 신고를 하고 찾아간 딜러 사무실에서는 아무나 와서 그렇게 계약서를 쓴다고, 내 딜러 연락처도 모른다고 했다. 아뿔싸… 내가 매번 뉴스에서 외치던 중고차 딜러 사기를 내가 당한 것이다.

나도 모르게 만들어진 계좌

 어느 날 변호사가 내게 말했다.
 "주하 씨는 돈이 어디로 갔는지 모르겠다고 하지만 계좌는 다른 말을 하고 있어요. 예를 들면 ○○은행 계좌 같은 경우 엄청난 금액의 돈이 들어왔다 나갔는데 이것도 설명이 안 되고 말이야. 이러니 남편 측에서 주하 씨가 돈을 빼돌렸다고 하는 거라고."
 "○○은행이요? 전 그 은행에서 계좌를 만든 적이 없는데요?"
 "무슨 말이죠? 여기 봐요, 주하 씨 이름으로 계좌가 있잖아요? 잔금은 현재 0원이지만 돈이 들어왔다가 외국으로 빠져나갔는데 이걸 모른다고요?"
 황당했다. 그 길로 ○○은행을 찾아갔다. 남편 회사가 있던 건물 1층에 그 은행 지점이 있던 게 기억났던 것이다. 그리고 내가 만들었다는 계좌의 존재에 대해 물었더니 실제로 존재한다고 했고, 계좌를 만들기 위해 내가 신청했다는 서류를 봤더니 당연히 내가 쓴 게 아니었다. 누가 봐도 남편 글씨였다. 남편이 내 이름으로 계좌를 만들어서 그쪽으로 돈을 넣고 해외로 보내고 했던 것이다. 계좌를 만들 때 필요한 신분증은 여행을 가려면 필요하다며 받아갔던 내 여권으로 대신했고 사인도 나 대신 한 것이 드러났다. 나 몰래 만든 내 계좌를 통해 어디로 얼마나 어떻게 보냈나를 알아보려고 했더니 기록 보관 기간이 만료돼 이미 파기해버린 상태라고 했다. 내 분노는 극에 달했다. 그도 그럴 것이 이혼소송 1심 기간에 이걸 알았다면 파기 기간 전이라 확인이 가능했을 텐데 이혼소송 1심의 내 변호사들은 이걸 확인하지 못했고 그래서 그동안 돈이 어디로 얼마나 갔나 알 수 있는 기간이 지나버린 것이다.

화가 나서 부들부들 떨고 있는 내 앞에서 은행 직원은 더 떨고 있었다. 내가 은행을 상대로 소송을 하면 은행이 질 것이 뻔했기 때문이었다. 배우자가 나 대신 은행 계좌를 만들 수는 있지만 이 경우 내 도장을 갖고 가야 하는데 배우자가 내 사인을 도용하기까지 했으니 은행은 내가 소송을 걸면 100퍼센트 지게 돼 있었고 그걸 아는 은행 직원은 내게 싹싹 빌며 제발 한 번만 용서해달라고, 눈물까지 글썽이며 매달렸다.

난 한참을 고민했다. 그리고 너무 화가 나서 깨문 입술에서 피가 날 정도였지만 그녀의 실수를 모른 척해주기로 했다. 싸우면 당연히 내가 이기겠지만 싹싹 비는 은행 직원도 불쌍했고 소송이 너무 많은 상황에서 우리나라 굴지의 거대 은행까지 상대해서 싸우기엔 내가 너무 지쳐 있었다.

'김주하 씨가 신청하신 개인별토지소유 현황자료가 교부되었습니다. - 종로구청'

갑자기 이런 문자가 도착했다. 하지만 아무리 생각해도 이런 신청을 한 적이 없었고 뭔가 이상함을 느낀 나는 당장 종로구청을 찾아가 '내가 무슨 토지 소유 현황을 신청한 것인지' 되레 물었다. 내가 무슨 땅 부자도 아니고, 스스로 무슨 땅을 얼마나 소유하고 있는지 알아본다는 것 자체가 이상하지 않은가. 종로구청에선 적잖이 당황한 눈치였고 내가 신청했다는 신청서를 확인해본 결과 일부 남편의 글씨체를 알아볼 수 있었고 CCTV도 확인을 요청했더니 남편이 어떤 젊은 여자와 함께 와서, 그 젊은 여자가 나인 척 하며 신청서를 작성한 것도 알 수 있었다. 아마도 내가 숨겨둔 부동산이 있다면 가압류할 작정이었나본데 실제로 이 문서를 토대로 그의 어머니는 내가 결혼 전부터 소유하고 있던 아파트를 가압류했다. 사실 이 아파트의 존재는 남편과 남편의 어머니도 알고 있었지만 또 달리 가압류할 게 없나 싶어 불법적으로라도 내 토지 소유 현황 자료를 교부받아간 듯했다.

이미 8건의 소송으로 지쳐 있었지만, 난 남편과 불상의 그녀를 상대로 사문서 위조로도 또 소송을 제기해야 했다.

나에겐 2009년 그로부터 받은 공증각서가 있었다. 반복되는 폭력의 고리를 끊어내기 위한 나의 마지막 몸부림이었지만, 이것만은 법정에서 쓰지 않기를 바랐지만, 이런 내 소망은 부서져버렸다. 웬만한 각서는 법적인 효력이 없다는 걸 알고 있었고 그랬기에 변호사 입회하에 공증각서를 받아둔 것이었는데, 각서는 마법의 주문이 아니었다. 그것은 단지 폭력의 순환 주기를 잠시 멈추게 한 '일시 정지' 버튼에 불과했다고나 할까. 각서의 내용은 "그때는 내가 제정신이 아니었다"는 말과 함께 휴지 조각처럼 무시되었다.

어떻게 이 가정을 지켰는데… 내가 어떤 노력을 해도 결국 상황을 바꿀 수 없다는 사실을 반복적으로 경험하게 되면, 결국 모든 시도를 포기하고 현실에 순응하게 된다는데 내가 딱 그 꼴이 됐다. 게다가 마지막 희망이었던 각서마저 소용없다는 것을 깨달으면서 이제 내가 할 수 있는 것은 아무것도 없다는 절망감이 온 몸을 휘감았지만 나에겐 두 남매가 있고 이들 또한 내가 지켜야 할 가정이었다.

결국 각서는 마지막 희망이 아니라, 가장 잔인한 희망 고문이었다. 그것은 나에게 잠시나마 변화에 대한 헛된 기대를 품게 했고, 그 기대가 무너졌을 때 더 큰 절망으로 나를 밀어 넣었다. 흰 종이 위에 검은 잉크로 새겨진 약속은 너무나 쉽게 지워졌지만, 그 약속이 무너지는 것을 목격한 나의 마음속 상처는 영원히 지워지지 않을 낙인처럼 새겨졌다. 희망의 노래는 멈췄고, 거짓의 성에는 다시 어둠이 내렸다.

가장 고독한 결심

> "용기란 두려움이 없는 것이 아니라,
> 두려움에도 불구하고 앞으로 나아가는 것이다."
>
> - 넬슨 만델라 *Nelson Mandela*

2013년 9월, 나는 서울가정법원에 이혼소송을 제기했다. 서류에 내 이름을 적어넣는 손은 미세하게 떨리고 있었다. 그것은 지난 9년간의 결혼 생활에 마침표를 찍는 행위이자, 내 인생의 가장 치욕스럽고 아픈 부분을 세상에 공개하겠다고 결심하는 순간이었다. 대한민국에서 가장 신뢰받는 앵커로 살아온 내가, 가정 폭력의 피해자라는 사실을 스스로 고백해야만 한다는 결심의 무게는 천근만근처럼 나 스스로를 짓눌렀다.

이혼소송을 결심하는 과정은 수많은 두려움과의 싸움이었다. 첫째는 '사회적 낙인(Social Stigma)'에 대한 두려움이었다. 이혼, 특히 여성의 이혼에 대한 사회적 시선은 여전히 곱지 않은 상태였고, 더군다나 나의 경우는 단순한 성격 차이가 아닌 가정 폭력이라는 극단적인 사유였다. 나의 사생활이 대중의 가십거리로 전락

하고 온갖 억측과 비난에 시달리게 될 것이 불 보듯 뻔했기에, 공인으로서 내가 쌓아온 모든 신뢰와 이미지가 한순간에 무너져 내릴 수 있다는 공포도 엄습했다.

그런데 내 이혼소송 소식이 알려지기 시작하면서 또 다른 사실을 알게 되었다. 내 주위에 이혼하거나 별거 중인 사람이 별로 없는 줄 알았는데 실제로는 내 생각보다 훨씬 많다는 사실이었다. 내 소송 소식을 듣고 연락을 해온 사람들 중에는 "실은 나도 이혼했어…"와 같은 말을 하는 이들이 꽤 됐다. 깜짝 놀라 "아니 그런데 그동안 왜 얘기를 안 했어?"라고 물으니 "주변을 봐봐. 이혼한 여자들은 주위 남자들이 쉽게 봐"라고 하는 것이었다. 한 사람에게 말하면 그 말이 여기저기로 퍼져나갈까 봐 아예 입을 다물었다고. 남자들이 사회에서 회사에서 자신을 하나의 인격체로 보지 않고 쉽게 여길까 봐 자신의 처지를 말 못한 여성들이 꽤 많았던 것이다. 이 사실은 나를 자극했다. 이혼이 좋아서 선택하는 부부가 있을까. 어쩔 수 없는 선택을 한 그들에게 사회마저 '굴레'를 씌우면 안 된다. 나는 이혼을 하고도 당당하며 멋진 사람으로 살아갈 수 있다는 걸 보여주고 싶은 마음이 커졌다.

둘째는 아이들에 대한 미안함과 죄책감이었다. '깨진 가정'의 아이들이라는 꼬리표를 달아주는 것 같아 마음이 아팠다. 이혼 과정에서 아이들이 받게 될 상처를 생각하면 결심이 몇 번이고 흔들렸다. 하지만 이내 마음을 다잡았다. 폭력적인 환경에서 자라는 것이 아이들에게 더 큰 상처를 준다는 것을 나는 이미 목격했다.

아이들에게 필요한 것은 '형식적인 가정'이 아니라, '안전하고 평화로운 환경'과 '행복한 엄마'였다.

셋째는 기나긴 법적 싸움에 대한 막막함이었다. 모든 것을 혼자 감당해야 한다는 고독감, 그리고 그 과정에서 나의 상처를 몇 번이고 다시 들춰내야 한다는 정신적 고통이 두려웠다. 특히 가정 폭력을 법정에서 입증하는 것은 결코 쉽지 않은 일이었는데, 남편으로 인한 수많은 병원 진료 차트와 진단서 등이 있었지만 그것은 새 발의 피였다. 은밀하게 이뤄지는 가정 폭력의 특성상 모든 폭행의 명백한 증거를 확보하기 어렵고, 종종 '부부 싸움' 정도로 치부되어버리기 일쑤였다. 특히 아이는 아빠로부터 폭행을 당했다는 증거가 거의 없으니 폭행 당시에 직접 목격한 사람들의 진술서를 받으러 다녀야 했다.

이런 두려움에도 불구하고 한 걸음을 내디딜 수 있었던 것은, 더 이상 피해자로만 머물지 않겠다는 결심 때문이었다. 심리학에서는 트라우마를 극복하는 중요한 과정 중 하나로 '서사 재구성(Narrative Reconstruction)'을 꼽는다. 자신을 무력한 피해자로만 인식하던 것에서 벗어나, 역경을 이겨낸 '생존자(Survivor)'로서 자신의 이야기를 새롭게 써 내려가는 과정을 말하는데 이혼소송은 나에게 바로 이 서사를 재구성하는 첫걸음이었다. 나는 더 이상 숨거나 회피하지 않고, 진실을 정면으로 마주하기로 결심했다.

남자가 거기서 거기라며 웬만하면 가정을 지키라고 했던 내 친구들도 이제는 나에게 이혼을 권했다. 자녀에 대한 폭력만은 막아야 한다고, 어두워지는 아들의 얼굴을 바라보라면서 말이다. 또한 같이 뒤진 남편의 서류에서 이름이 여러 개로 나타나고, 시어머니의 두 얼굴을 보면서 나에게 이렇게 말했다.

"너는 영화 〈올가미〉랑 〈화차〉를 동시에 찍었냐?"

결국 나는 마이크 대신 법률 서류를 손에 쥐었다. 스튜디오의 조명 대신 법정의 차가운 형광등 아래에 서기로 결심하며 말이다. 그것은 내 인생에서 가장 고독하고 두려운 결심이었지만, 동시에 나 자신과 아이들의 삶을 되찾기 위한 가장 용기 있는 첫걸음이기도 했다. 폭풍의 눈 한가운데로 걸어 들어가는 심정으로, 길고 긴 전쟁의 서막을 열었다.

"잿더미 속에서도,
가장 강한 의지는 새로운 길을 찾아낸다."

- 세네카 *Seneca*

모든 것이 무너져 내린 폐허 위에서, 삶은 다시 시작돼야 했다. 거짓의 성을 탈출한 여정의 끝은 평화로운 해방이 아니라, 세상의 편견과 냉혹한 현실이라는 또 다른 전쟁의 시작이었다. 이제 누구의 아내나 며느리가 아닌, 오롯이 두 아이의 엄마이자 한 명의 여성으로 세상에 서야만 했다.

7장

홀로서기

귀환, 다시 카메라 앞에

"쇼는 계속되어야 한다.
그것이 내 삶의 전부이든, 아니면 남은 전부이든."
- 프레디 머큐리 *Freddie Mercury*

이혼소송이라는 거대한 폭풍이 내 삶을 집어삼키고 있을 때, 회사 일이라도 잘되고 있으면 좋으련만, 실상은 그렇지 못했다.

2011년 말 둘째를 낳고 난 육아휴직에 들어간 상태였는데 마침 2012년 1월 30일부터 7월 17일까지 M사는 회사 역사상 최장기 파업을 하게 된다. 이 파업은 또한 K사 새 노조, Y사 노조 등 당시 공영방송 노조들과의 연대 파업으로도 확산됐는데 딱 내 출산 휴가, 육아휴직 기간과 겹친 것이다.

사실 나는 파업 찬반 투표에서 반대표를 던진 상태였다. 그리고 앞서 말했다시피 난 막 태어난 둘째를 돌보기 위한 휴직 상태였고, 남편의 폭력으로 상처받은 아들을 치료하기 위해 일주일에 두 번씩 소아정신과를 다니던 때였기에 파업은 나와 거리가 있어 보였는데, 이 생각을 깨는 사건이 발생했다.

당시 M 본부 기자 50명은 김재철 사장의 퇴진과 공영방송 정상화를 촉구하고, 해고된 동료 8명의 복직을 요구하는 1인 시위를 돌아가며 하고 있었다. 아무리 지지고 볶고 싸워도 집 안에서 해야지, 집 밖으로 쫓아버렸다고? 파업으로 인해 기자들을 해고했다는 소식은 내게 큰 충격을 안겨주었다. 게다가 내가 알기로는 당시 해고된 기자회장이 혼자 벌어서 노부모님도 모시고 아내와 아이 둘을 건사하고 있었기에 더 큰 분노가 일었다.

1인 시위는 광화문 광장에서 하고 있었다. "해고된 동료 기자들을 위해 나도 나서겠다"고 하고 내 차례가 되어 광화문으로 갔더니 타 언론사 기자들이 대거 진을 치고 있었다. 해고된 기자 회장도 찾아와 연신 내게 "고맙다"고 말했었는데 특별한 이유가 있었다. 나중에 알았지만, 기자들이 돌아가며 수십 일째 1인 시위를 하는데도 언론 보도가 제대로 나가지 않아서인지 사람들이 1인 시위 자체를 잘 모르고 있었는데, 내가 1인 시위를 하는 바람에 타 언론사들이 관심을 갖고 찾아왔고 기사화되며 갑자기 M사 보도국 기자들의 1인 시위가 이슈가 된 것이다.

언급했듯이 난 파업에는 반대를 한 상태였지만 민주적 절차에 따라 과반이 넘게 찬성했으면 나 또한 따라야 한다는 신념을 갖고 있었다. 또한 동료 기자들이 해고된 상태였기에 나는 공영방송 정상화가 아닌 '해고된 동료를 살려내라'는 푯말을 앞으로 향하게 하고 1인 시위를 했는데, 회사 측에선 이게 아주 싫었던 것 같다. 이 1인 시위로 인해 내 인생이 180도 바뀌게 되었으니 말이다.

　육아휴직을 마치고 회사로 돌아가서 보니 회사 분위기는 내 상상 이상으로, 다른 파업 기자들에게 들었던 것 이상으로 변해 있었다.

　보통 M사는 노조원들이 파업을 하면 노조원이 아닌 부장급 이상을 현장에 투입하는 등 부족하지만 남아 있는 인력으로 뉴스를 꾸려왔다. 물론 그 숫자가 적으니 뉴스 시간을 줄이는 등 여러 가지 방법을 써서 말이다. 그리고 파업이 끝나면 파업에 참여했던 이들과 참여하지 않았던 이들이 언제 싸웠냐는 듯 함께 손을 잡고 다시 뉴스를 만들어나가는 게 관례였다. 그런데 2012년 파업은 기간이 상당히 길었고 회사에서도 그동안 쓰지 않았던 방법을 사용했다. 다른 인력, 대체 기자들을 뽑은 것이다. 일명 시용(임시) 기자들이었다. 당시 언론 고시를 준비하던 기자 지망생들 중 일부는 '기자들이 공정방송을 위해 싸우는데 우리가 그걸 방해할 수 없다'며 시용 기자 모집에 지원하지 않기도 했지만 이걸 기회로 M사 기자가 되어보겠다고 지원한 인력도 많았기에(비록 시용으로 뽑혔지만 나중에 이들은 정규직으로 전환되며 보도국의 핵심 인력이 된다) 시용 기자들이 대거 뽑혔고 또한 실전에 투입된 것이다. 물론 이렇게 입사한 시용 기자들은 회사에서 지시한 기사를 쓰지 않을 수 없었고 그러다 보니 원래 있던, 그러나 파업에 참가하느라 일을 하지 않았던 기자들과의 사이는 걷잡을 수 없을 만큼 거리가 멀어졌다.

결국 파업은 사측의 승리로 끝났다. 회사가 무노동 무임금이라며 월급을 주지 않으니 파업에 참여한 이들도 살기 힘들어졌고, 회사 입장에서는 시용들이 일을 대신해주니 아무런 타격도 받지 않았기 때문이었다.

그러나 보도국에서 파업에 참여했던 기자들은 파업이 끝난 뒤에도 돌아갈 자리가 없었다. 이미 수개월간 기사를 쓰고 있던 시용들이 그 자리를 차지하고 있었기 때문이었다. 결국 기존 기자들은 한직으로 전보되거나 해고되었다.

노조 파업에 참여했다가 징계를 받은 직원들 중에는 업무와는 무관한 교육 명령을 받은 사람들도 꽤 있었다. 이들에겐 인사 평가상 최저 등급을 줘서 본사와는 거리가 있는 서울 송파구에 위치한 M본부 아카데미로 출퇴근을 시키며 정신교육의 일환으로 요리 강좌를 듣게 하거나 시 강좌 같은 것을 듣게 했는데, 나는 정확히는 파업에 참여한 것이 아니었고, 게다가 타 언론사들이 주시하고 있었기 때문에 요리 강좌를 듣지는 않았다. 하지만 육아휴직 기간에 나서서 1인 시위를 했으니 나 또한 회사엔 눈엣가시였다. 결국 나도 다른 기자들과 함께 다른 부서로 쫓겨났다.

내가 발령받은 곳은 '뉴미디어 뉴스국'이었다. 주로 인터넷이나 디지털 미디어를 통한 뉴스 콘텐츠 제작과 관리, 트위터, 페이스북, 유튜브 같은 SNS의 운영, 뉴스 그래픽, 카드 뉴스를 제작하는 곳이었는데 나 같이 보도국에서 쫓겨난 기자들이 그곳에 발령을 받았고 우리는 PD 역할을 했다. 특히 나는 제작을 맡아서 주말에 가볼 만한 곳 등을 취재했는데 영상도 편집하고 기사도 쓰는 일을 해 이때 많은 것을 배웠다. 사실 영상 편집은 별로 할 기회가 없었는데 그곳에서 어쩔 수 없이(?) 많이 해본 것이다. 그런데 이상한 명령이 회사에서 내려왔다. 기사를 쓰고 올릴 때 기사 작성자의 이름, 취재자의 이름으로 내 이름을 쓰지 말라는 명령이었다. 결국 난 일은 일대로 하고 티는 절대 낼 수 없는 처지가 되었다.

회사는 타 언론사의 눈길이 신경 쓰였는지 갑자기 오후 3시 경제 뉴스도 내게 맡겼다. 나는 뉴미디어 뉴스국 일도 하며 오후 3시 경제 뉴스를 동시에 맡아 하고 있었는데 이즈음 내 이혼소송 소식이 언론에 나오기 시작했다. 그리고 온 세상의 이목이 내게 집중된 듯했다. 검색어 1위를 차지하는 건 물론이고 검색어 1위에서 10위까지 중 너댓 개가 나와 관련된 단어였을 정도였는데, 다행히 내가 맡은 뉴스의 평가는 나쁘지 않았다. 오히려 내 이혼 관련 소식이 나가고 있음에도 생방송에서 흔들림 없이 뉴스를 진행하는 모습에 많은 시청자와 네티즌들은 프로다운 태도라고 평가를 해주며 칭찬했다.

그런데 이유가 뭐였을까. 회사에서는 오후 3시 뉴스에서 나를 배제시켜버렸다. 엘리베이터에서 만난 윗분은 내게 "법원에 쉽게 갈 수 있게 해주기 위해서"라고 했지만 만약 그때가 아니라 요즘 같은 때 이혼소송 소식이 알려졌다고 회사에서 직원이 맡았던 일을 빼앗으면 어떻게 될까.

사내에서는 불만의 목소리가 나왔고 그럼 이혼을 하면 일을 못 하는 거냐는 목소리가 커지며 노조에서는 이를 정식으로 항의하라고 했다. 하지만 난 이미 이혼소송에 이어 남편의 폭력 형사 사건, 시어머니의 커터칼 사건, 차량 절도 사건 등 너무 많은 일에 엮여 있어 지쳐 있었기에, 또 내가 회사를 상대로 이의 제기를 했다는 언론 보도까지 나오는 게 싫어 노조의 제안을 거절했다.

또한 내 사생활이 온갖 가십으로 소비되고 있는 상황 속에서, 나 스스로가 '걸어 다니는 스캔들'이 되어 있는 마당에 내가 전하는 뉴스의 진실성마저 의심받게 둘 수는 없었기에 회사의 결정을 말없이 받아들였다.

일과 아이들, 두 개의 기둥

"어머니라는 이름은,
인간이 가질 수 있는 가장 강한 이름이다."

- **조지 엘리엇** *George Eliot*

거짓의 성을 탈출한 나에게 남은 것은 오직 두 아이와 나의 일뿐이었다. 세상의 모든 것이 불확실하고 위태로웠지만, 이 두 개의 기둥만큼은 내가 무너져서는 안 되는 분명한 이유가 되어주었다. 나는 더 이상 누군가의 아내가 아니었지만, 두 아이의 엄마였고 세상을 향해 목소리를 내는 언론인이었다. 낮에는 치열한 직장인으로, 또한 9개에 달하는 소송 당사자로서, 밤에는 헌신적인 엄마로 살아야 하는 이중, 삼중의 삶은 버거웠지만, 동시에 나를 살게 하는 유일한 힘이었다.

2014년 3월, 파업이 끝난 지 한참 지난 뒤였지만 그때도 파업의 여파는 계속되고 있었다. 여의도에서 상암동으로 회사가 이전한 뒤로도 2012년 파업에 가담했던 이들에게 형벌은 계속되고 있었기 때문이었다. 이번에 나는 '뉴미디어 포맷 개발센터'로 발령이 났다.

 문제는 신설된 부서라 아무도, 심지어 센터장조차도 무슨 일을 하는 곳인지 모른다는 것이었다. 처음에 부서원들과 센터장이 모인 자리에서 내 첫 질문도 "그래서… 우리는 뭘 하면 됩니까?"였을 정도니 말이다. 당시 회사에서는 파업에 가담했던 이들을 노린 건지 매일 '무슨 일을 했습니다'를 전산으로 기록하게 하고 여기서 낮은 등급을 받으면 해고가 가능케 하자는 말도 나왔었는데 '뉴미디어 포맷 개발센터'에서는 어떤 일을 해야 하는지도 모르니 당연히 답답할 노릇이었다. 내 질문에 센터장은 내 손을 잡으며 답했다.

 "자, 이제부터 우리 일거리를 찾아봅시다."

 "???"

 파업에 참여했다가 쫓겨난 직원들과 파업에 참여하지 않았던 센터장… 그래서 우리는 가끔 농담 삼아 죄수와 이를 감시하는 간수라고 표현했다.

 회사에서 바라던 대로, 일을 안 줬다고 일을 안 했다가 회사에서 쫓겨날 일을 만들지 않기 위해 우린 매일 '할 일'을 찾아 헤맸고 결국 일거리를 찾아냈다. 당시 잘 발달되어 있지 않았던 모바일 콘텐츠를 만드는 것이었다. 모바일에 적합한 뉴스, 방송 포맷 및 새로운 미디어 사업 모델을 개발하는 것이었는데 '울며 겨자 먹기'로 택한 일이었지만 지금에 와서 보면 놀라울 만큼 미래를 확실하게 예측한 것이라고 할 수 있다. 거기에 더해 VR 같은 것을 만들겠다며 카메라가 달린 전화기를 8대 달아 돌리고, 날씨에 맞는 그날그날의 옷을 소개하는 포맷을 만들어 올리는 등 우리는 갑갑한 진흙 속에서도 진주를 만들듯 일을 해나갔다.

그런데 2014년 말경 우리는 기가 막힌 말을 전해 들었다. 서울 마포구 상암동 M사 건물에 가본 이는 알겠지만 건물이 그렇게 큰데… 그 큰 건물에서 우리에게 나가라는 것이었다. 당시 서울 여의도 작은 본사에서 옮겨 갔기에 상암동 사무실은 텅 빈 자리가 한두 곳이 아니었다. 심지어 우리 사무실 바로 옆자리도 비어 있었는데 나가라는 것이다. 처음에는 장난인 줄 알았다. 하지만 진짜였고 우리는 '우리가 해야 할 일'에 이어 이제는 '우리가 이사가야 할 곳'을 찾아야 했다. 강남으로 가자니 예산이 빠듯해 안 된다고 하고 다른 곳으로 가자니 주차장이 없고… 결국 우리 부서는 회사의 바람대로 구로동으로 가게 되었다. 회사에서는 1960년대 한국 경제개발 5개년 계획의 일환으로 설립된 한국 최초의 수도권 공업단지처럼 '뉴미디어 포맷 개발센터'가 M사에 같은 역할을 해주기 바란다고 했다.

'회사에서는 이렇게 우리 일을 빼앗은 것도 모자라 이젠 책상까지 빼라고 하는구나….'

나는 처음에 무슨 일을 하는지도 모르고 '뉴 미디어 포맷 개발센터'에 모인 파업에 참가했던 기자, PD들의 사기 진작을 위해 크리스마스 분위기를 낸다고 우리 사무실 책상과 천장에 여러 가지

성탄 장식품을 붙였었는데 '그것도 회사 눈엔 안 좋아 보였나, 얄미웠던 걸까' 자책을 하기도 했다. 하지만 이미 늦은 상태였다.

당시 파업에 참여했다가 회사로부터 원래 자기 일을 빼앗겼다고 생각한, 프리랜서가 가능한 직군의 사람들은 거의 다 회사를 나간 상태였다. 마지막까지 남아 있는 사람이 나 혼자라도 해도 과언이 아닐 정도였지만, 난 M사에서 정년퇴직을 할 것이라고 생각해왔던 만큼 사표를 쓸 생각이 없었다. 게다가 당시 M사 뉴스의 시청률이 너무 낮다며 회사 사장 측으로부터 '조금만 기다리면 뉴스를 맡길 것'이라는 언질을 받고 있었기에 더욱더 회사를 나갈 생각이 없었다. 그런데 곧 청천벽력 같은 말을 전해 듣게 되었다.

"김주하는 아직 최소 5년은 반성과 후회의 시간을 가져야 합니다!"

이런 말이 임원회의에서 나왔다는 것이다.

나 때문에 우리 부서가 이 좋은 사무실을 비워두고 구로로 가게 되었다는 '믿거나 말거나' 생각과, 앞으로 최소 5년은 보도국으로 돌아가지 못한다는 절망에 난 바로 그 날 사표를 던졌다. 뉴 미디어 포맷 개발센터장은 한 번 말리는 시늉도 없이 내가 낸 사표를 들고 뛰어나갔고 그 날로 사표는 수리되었다.

한푼도 못 받은 양육비

"가난은 단지 돈이 없는 상태가 아니다.
그것은 존엄성을 빼앗고 희망을 지우는 것이다."

- **아웅산수치** *Aung San Suu Kyi*

　　나는 아이들의 유일한 보호자이자, 유일한 경제적 부양자였다. 남편은 법원에서 아이들에게 많은 금액의 양육비를 주겠다고 큰소리치고 자신이 얼마나 아이들을 사랑하는지 눈물을 흘리며 읍소했지만, 심지어 소송 중에도 그는 몇 달씩 양육비를 보내지 않았고 "거봐라, 이 사람은 이혼소송이 끝나는 순간 절대 양육비를 보내지 않을 것"이라고 내가 주장하면 바로 밀린 양육비가 들어오곤 했다. 내 소송을 맡은 변호사는 "내 경험상 이런 아빠는 양육비를 주지 않는다"라고 했지만 우리나라 법원의 생각은 달랐다. 변호사의 말에 따르면 "우리나라 법원은 '미래 채권'을 인정하지 않는다"라고 했는데 실제로 그랬다. 그리고 남편은 이혼소송이 끝나자마자 진짜로 자기 손으로 단 한 푼도, 10원도 양육비를 주지 않았다. 이것은 내가 양육비를 받지 못해 어려움을 겪는 한부모 가정 또는 이혼 절차 중인 가정의 아이들이 안전하게 살아갈 수 있도록 지원하는 공익 법인 '칸나 희망 서포터즈'의 일원이 된 계기이기도 하다. 또한 배드파더스나 배드마더스 같은 기사 얘기가 나오면 "내가 직접 피해자 인터뷰를 해주겠다"며 길길이 뛴 이유이기도 하고 말이다. 사람들은 내가 피해자 인터뷰를 해주겠다는 말을 진심으로 보지 않았겠지만 나는 한부모 가정을 대표해 당당하게 목소리를 낼 마음의 준비가 되어 있었다.

2015년에는 간통죄도 폐지가 됐다. 난 당시 혼외자 출산을 근거로 남편을 간통죄로 고소한 상태였는데 헌법재판소의 간통죄 위헌 결정으로 이 사건은 공소 기각 처리돼버렸다. 그 결과 나는 남편을 형사처벌할 수 없었고 민사적으로만 위자료 청구가 가능해졌는데 여기에는 법의 맹점이 있었다.

당시 간통죄 폐지는 '성적 자기결정권'과 '사생활의 자유'를 강조하며 국가가 개인의 사적 성생활에 형벌권으로 개입하는 건 과도하다고 본 게 핵심이었다. 또한 많은 나라들이 이미 간통죄를 폐지하고 있는 상황에서 한국만 과도하게 이 죄를 유지하는 건 시대착오적이라는 주장도 있었는데 문제는 그 다음이다. 미국의 경우 간통죄가 없는 대신(일부 주에서는 남아 있긴 하지만 실제 간통죄로 처벌하는 건 드물다) 이혼소송에서 큰 유책 사유로 작용해 위자료, 재산분할, 양육권 문제 등에서 간통죄를 저지른 사람이 매우 불리하다. 쉽게 말해 민사 배상제도가 매우 강력해 간통을 한 배우자가 상대방 배우자에게 수십만 달러에서 수백만 달러의 배상 판례까지도 존재하는데, 적어도, 현재까지도 우리나라는 아니다. 재벌이 아니라면 간통으로 인한 위자료는 5,000만 원이 최대이고 간통으로 이혼을 하더라도 나머지 재산 분할에 별로 영향을 미치지 못한다.

간통죄가 폐지되었을 때 김주하가 대표적인, 가장 큰 피해자라며 언론이 떠들어댄 것도 이 때문이었다. 결국 어머니 계좌로 돈을 입금시켜 자기 이름으로는 아무것도 없는 남편에게, 결혼 전부터 친정집에서 사준 집이 있던 나는 10억 원 이상을 물어주게 되었다. 위자료 5,000만 원은 이에 비하면 의미가 없는 것이었으니 언론이 그렇게 쓴 것도 이해는 된다.

내가 아들과 함께 여름휴가로 호주에 있는 절친의 집을 찾았을 때는 남편이 내 월급을 압류했다. 나는 국제전화로 이 소식을 들어야 했는데 소송 중 안 그래도 제대로 들어오지 않는 양육비로 허덕이고 있는 차에 남편이 내 월급까지 압류하니 이건 아이들과 살지 말라는 말로 들렸다. 당시 아빠의 폭행으로 사람 눈을 똑바로 바라보지 못하는 아들을 데리고 소아정신과도 다니고 있었는데 병원도 가지 못할 형편이 된 것이다.

집도 문제였다. 겨울이 닥치고 있던 무렵 남편이 이사를 나가고 나와 아이들이 살고 있던 전셋집에 문제가 생겨 난방도, 뜨거운 물도 나오지 않을 위기에 처했다. 아이들, 특히 둘째는 만 두 살밖에 되지 않았는데 말이다. 전세 기간이 끝나가고 있을 때라

집주인은 내가 나가면 집을 수리해 본인이 들어와 살 계획이었는데 여기서 또 문제가 발생했다. 남편이 전셋집도 압류를 한 것이다. 전세금을 받아서 나가야 다른 전셋집으로 들어갈 수 있는데 집주인은 남편이 자신에게 소송을 걸어올 수 있다며 전세금을 내주지 않았다. 이사 전날에도 전세금을 주겠다고 했다가 이삿짐을 다 싸서 나가려는데 당일에 전세금을 줄 수 없다니 황당했다. 집주인에게 절대 그럴 리 없다며 설득했지만 집주인은 "내가 김주하 씨 기사 다 찾아봤거든요? 자기 아내였던 사람과 아이들에게 그런 짓을 할 사람이라면 나한테는 더 하고도 남습니다!!"라며 거절했다. 집주인은 본인이 정신과 의사라며 그런 종류의 사람을 잘 안다고 했다.

이혼소송이 진행되는 동안, 나는 이렇게 내 월급 포함 공동 명의의 재산에 대한 권리를 거의 행사할 수 없었다. 법적인 절차가 마무리되기 전까지 모든 것이 묶여 있었고, 내 명의의 재산도 압류됐으며, 월급 중에서도 남편에 의해 압류되고 남은 돈, 국가에서 보장해주는 최저 생계비로만 식구의 생계를 꾸려나가야 했다. 대한민국 최고의 앵커라는 타이틀이 무색하게 말이다.

차량도 없었다. 원래는 구입한 지 1년이 안 된 차량이라 팔아서 일부는 생활비나 변호사 비용을 하고 일부는 더 작고 오래된 중고차를 사려고 했는데 차를 통째 빼앗기는 바람에 부모님 차량을 빌려 타거나 지하철을 타고 다녔다.

이 사건들은 나에게 값진 교훈을 주었다. 세상의 낮은 곳에 있는 사람들의 고통에 눈뜨게 된 것이다. 이전까지 뉴스에서 숫자로만 접했던 '한부모 가정의 빈곤율'이나 '주거 불안'과 같은 문제들이, 이제는 나의 현실이 되어 가슴으로 이해되기 시작했다. 월세 보증금이 없어 거리를 헤매는 사람들의 절망, 아이 병원비가 없어 발을 동동 구르는 부모의 심정을 진심으로, 이제 알 수 있었다.

이러한 경험은 나의 '공감 능력(Empathy)'도 근본적으로 바꾸어 놓았다. 타인의 고통을 머리로 이해하는 것을 넘어, 가슴으로 함께 느끼게 된 것이다. 마틴 호프먼(Martin Hoffman)은 공감의 최고 단계를 '고난의 원인에 대한 인지적 분석을 넘어, 타인의 고통을 자신의 것처럼 느끼고 돕고자 하는 이타적 동기가 발현되는 상태'로 보았는데, 이런 고통을 통해, 나는 나와 상관없다고 생각했던 수많은 이웃들과 연결되고 있었다.

결국, 평범한 가정이었다면 배우기 힘들었을 것들을 혹독한 가난과 현실 속에서 배우고, 나와 상관없었던 삶의 고통이 나의 것이 되었을 때, 나는 비로소 더 넓은 세상을 보게 되었다. 이 경험은 훗날 내가 '자립준비청년'과 같은 사회적 약자들의 목소리에 귀 기울이게 되는 중요한 자양분이 되었다. 잿더미 위에서의 홀로서기는 나에게서 많은 것을 앗아갔지만, 그보다 더 귀한 것을 남겨주고 있었다. 그것은 바로 타인의 상처를 알아볼 수 있는 눈이었다.

이런 와중에 회사는 내가 있던 부서를 다른 곳으로 옮긴다고 하고, 뉴스를 맡을 일도 요원해 보이는 만큼 난 이직을 결심했다.

물론 방송사에서 일명 '프리'를 선언하고 엔터테인먼트 회사에 들어가면 계약금도 꽤 받고 그 이후 수입도 쏠쏠할 수 있다. 하지만 내가 방송사에 입사한 이유는 '뉴스를 하고 싶어서'가 아닌가. 그렇다면 일반 프리랜서가 아니라 뉴스를 할 수 있는 방송사에 입사하는 게 나았다. 또한 아이들이 어린 만큼 프리랜서보다는 정년까지 일할 수 있는 안정적인 조건이 내겐 더 안심이 되었다.

나는 이런 조건을 모두 받아준 MBN에 입사를 하게 되었다.

"상처는 빛이 들어오는 곳이다."
- 잘랄루딘 루미 *Rumi*

고통은 한 인간을 무너뜨리기도 하지만, 완전히 새로운 사람으로 다시 태어나게 하기도 한다. 잿더미 속에서 나는 이전과는 다른 눈으로 세상을 보게 되었다. 나의 상처는 더 이상 감춰야 할 부끄러움이 아니라, 타인의 상처를 비추는 거울이 되었다. 앵커 데스크는 이제 단순히 사실을 전달하는 자리를 넘어, 진실의 이면에 숨겨진 아픔에 공감하고 세상의 부조리에 질문을 던지는 나의 가장 강력한 무대가 되었다.

8장

새 둥지를 틀다

생존자의 목소리

"나는 내가 겪은 일들의 결과물이 아니다.
나는 내가 되기로 선택한 존재이다."

- **카를융** *Carl Jung*

　처음 MBN에 출근한 날을 난 잊지 못한다. 내가 괜찮다고 했지만 차가 없는 내가 사무용품들을 들고 회사로 걸어 들어가는 것이 마음 아팠는지 내 지인은 본인의 차로 서울 충무로 MBN 사옥까지 태워다 주었다. 처음에는 그냥 혼자 지하철을 타고 간다고 했지만 결국 그녀에게 고맙다고 한 뒤 차를 얻어 탔다.

　그런데 회사 앞에 온 순간 난 당황했다. 기자들이 그야말로 진을 치고 있던 것이다. 보통 타사 앵커의 이직은 큰 뉴스가 되지 않기에 언론들이 그렇게까지 관심을 갖지 않는데 그날은 기자들이 너무 많이 와 있었고 사람들에게 둘러싸인 나는 갑작스럽게 인삿말을 해야 했다. 사무용품을 넣은 박스를 들고 들어가느라 신분증은 팔에 둘둘 말고 있었는데 이것까지도 뉴스를 타며 기자들은 내 일거수일투족을 보도했고 난 40대 여성 앵커에게 이렇게 관심을

가져준 데 대해 놀라면서도 감사했다.

이후에도 기자들의 요청이 쇄도하자 얼마 후에 MBN은 12층 강당 쪽에 아예 기자회견장을 차렸다. 이때도 기자들이 물밀듯 들어왔고 질문이 쏟아졌다.

오랜 시간, 나는 나 자신을 '피해자(Victim)'로 규정했다. 배신과 폭력, 기만으로 점철된 시간 속에서 나는 무력했고 상처받았기 때문이었다. 하지만 기나긴 법정 싸움에서, 그리고 홀로 모든 것을 감당해야 했던 시간들 속에서, 더 이상 과거의 상처가 현재의 나를 정의하도록 내버려둘 수는 없었다. 더 이상 나는 피해자가 아닌, 그 모든 지옥 같은 시간을 살아남은 '생존자(Survivor)'였고 이 작은 인식의 전환은 나의 삶을 근본적으로 바꿔주었다.

PTSD(외상후스트레스)를 겪은 후 나의 성장은 데스크 위에서 가장 선명하게 발현되었다. 이전까지는 철저한 객관성과 중립성을 지키며 사실을 전달하는 것을 언론인의 최고 덕목이라 믿었지만 내 상처는 나에게 '공감'이라는 새로운 무기도 쥐여주었다. 가정폭력, 아동 학대, 사회적 약자에 대한 뉴스를 전할 때, 그것은 더 이상 남의 이야기가 아니었다. 그들의 고통을 내 것처럼 느낄 수 있었고, 그들의 침묵 뒤에 숨겨진 절규 또한 들을 수 있었다.

MBN에서 뉴스를 시작한 후, 처음 1년간 난 아침 회의부터 참석했다. 보통 앵커들은 밤늦게 퇴근하기에 오후 2시 편집회의부터 참석을 하는데 처음 MBN에 왔을 때 메인 뉴스 시간은 오후 8시, 그럼 오후 2시에 회의를 하면서 기자들에게 뭔가 지시를 하려면 오후 3시 이후다. 너무 시간이 빠듯했기에 아침 8시 회의부터 들어가 뉴스를 만들기 시작한 것이다. 그러려면 조간신문을 보고 들어가야 하고 결국 매일 13~14시간씩 일을 하는 것 또한 내 체력을 깎아먹는 일이었기에 난 회사에 침낭도 사다놓았다. 짬짬이 잠을 자기 위해서였는데 얇은 싸구려 침낭이라서 그런지 바닥에서 잠을 자고 일어나면 허리가 결리고 아팠다. 그러던 어느 날 라꾸라꾸 침대가 내게 배달됐다.

"누구지?"

누가 보냈는지 정말이지 알 길이 없었다. 가까이 있는 직원들에게 운송장 번호 등 택배에 쓰인 모든 것을 알려주며 보낸 이를 찾았지만 나타나질 않았다. 누가 보냈는지 알 수 없어 뜯지 않고 계속 세워두다가 바닥에서 자고 일어나 허리가 너무 결린 날, 결국 난 그 라꾸라꾸 침대를 뜯었다. 누구인지 모르지만 보낸이에게 감사하며 말이다.

이제 체력도 어느 정도 회복할 수 있게 되었겠다, 난 MBN뉴스에서 또다시 인터뷰를 하기로 했다. 기자들을 잘 만나주지 않는 일명 튕기는 정치인들, 당시 뜨거운 소재가 되는 정치인들을 만나는 '뉴스초점' 코너를 만들기로 한 것이다. 어떤 이는 일반 기자가 연락하면 받지 않다가 내가 연락을 하면 만나주기도 했지만 대부분은 직접 연락조차 닿질 않았는데, 그럼 방법은 하나, 무작정 그 정치인의 집 앞에서 죽치고 기다리기를 할 수밖에.

2016년 김한길 전 의원은 국민의당을 중심으로 활동했는데 당시 그를 만나 인터뷰하기가 너무 힘들다고 알려져 있었다. 기자들과 마주쳐도 한마디 말도 하지 않는다는 것이다. 그 얘기를 들으니 그를 인터뷰하고 싶다는 소망은 점점 더 커졌고 보좌진에게 들은 정보를 토대로 우리는 아침 5시부터 김한길 전 의원의 집 앞에서 진을 치고 기다렸다.

그날은 너무 추웠다. 다리도 아파오고. 결국 난 아파트 1층 계단 밑에서 스태프 중 한 명에게 빌린 담요로 몸을 둘러싸고 기다렸는데 오전 9시 반이 되자 그가 우릴 불렀다. 그의 집에 들어가서 인터뷰를 하게 된 것이다.

김한길 전 의원만이 아니었다. 당시 민주당에 영입된 김종인 비대위원장도 집 앞에서 몇 시간 기다리자 우리를 불렀는데 당시 김 위원장님의 부인이 만들어주신 샌드위치 맛은 지금도 기억할 정도로 감사했다. 새벽부터 나오느라 아침은커녕 물 한 컵도 제대

새벽에 김한길 씨 집 앞에서

로 마시지 못한 스태프들에게는 구세주 같았으니 말이다.

문재인 당시 더불어민주당 대표와의 인터뷰는 더 쉽지 않았다. 출근 시간을 알고 있었기에 이번엔 오래 기다리지 않으려니 했는데 집에서 나온 그가 바로 출근을 해야 한다며 차를 타겠다는 것이다. 그렇다면 방법은 하나. 우리도 그의 차를 탈 수밖에. 그렇게 인터뷰를 해 나갔다.

박지원 의원과의 인터뷰는 국회 의원실에서 오후 3시에 잡혔다. 당시 김무성 새누리당 대표와 두 사람이 귓속말을 한 게 화제였는데 여기서 무슨 말을 했나가 관심사였고 난 답을 피하는 박 의원에게 계속해서 같은 질문을 했다. 그리고 대선과 관련된 말을 주고받았다는 답을 이끌어냈는데 나중에 출입기자에게 들으니 심장이 떨렸다고 했다. 누가 봐도 답을 하기 싫어하는데 내가 해맑게 웃으며 "에이~그래서요, 뭐라고 했는데요?"를 반복해 물으니 박 의원 성격에 자리를 박차고 나갈까 전전긍긍 걱정을 했다는 것이었다.

　하지만 '뉴스 초점'은 한계가 있었다. 아침에 인터뷰를 하는 경우는 그나마 낫지만 오후에 하게 될 경우에는 편집을 내가 직접 할 수 없다는 점이 그랬다. 2015년 말부터는 혼자 뉴스를 진행하니 늦어도 오후 5시부터는 앵커 멘트를 써야 하는데 오후에 인터뷰를 하고 오면 도저히 시간이 나지 않는 것이다. 편집은 인터뷰만큼 중요해서 편집에 따라 인터뷰 내용이 완전히 달라진다고 해도 과언이 아닌데 이미 PD 역할을 수년간 해본 나에게는 다른 사람이 편집을 한 게 성에 차지 않았고 결국 이 코너를 계속할 수가 없었다.

'김주하의 그런데'

　방송 뉴스를 만들려면 영상이 꼭 필요하다. 아무리 좋은, 꼭 필요한 뉴스라 하더라도 영상이 없으면 방송 뉴스로 만들기 어렵다. 그래서 그 영상을 확보하기 위해 방송사들은 국내외 여러 타 언론매체와 연합해 서로 영상을 주고받을 수 있게 하는 등 대책을 세워놓는데 그럼에도 영상을 얻지 못할 경우에는 과거 있었던 비슷한 영상을 내보내며 '자료화면'이나 '영상자료'라는 자막을 내보내 시청자에게 실제 현장 영상이 아님을 안내해주곤 한다. 이조차 어려울 때는 영화의 화면을 쓰기도 하고, 인터넷에서 무단으로 영상을 가져다 쓰기도 하는데 이를 제대로 시청자에게 고지하지 않아 문제가 되는 경우도 꽤 있다.
　SNS가 발달하면서 영상은 없지만 사진은 있는 경우가 많아진 요즘, 난 그 사진으로 뉴스를 만들 수 없나 고민했다. 달랑 사진

한 장뿐이지만 의미가 많은 사연, 사건도 많기 때문인데, 그래서 난 회사와 상의해 '이 한 장의 사진'이라는 코너를 만들었다.

비록 이렇게 사진만 있을 뿐 영상이 없는 뉴스를 대신해 만들어진 코너였지만 평가는 좋았다. 사회적 이슈, 해외 뉴스, 감동 스토리 등 다양한 주제를 상징적 사진 한 장과 함께 조명해주니 눈에 확 띄었기 때문일까. 이 코너는 직관적 매체를 활용해 시청자에게 메시지를 명확하게 전달하며 감동, 공감, 비판, 풍자 등 폭넓은 정서적 반응을 이끌어내고, 특히 뉴스 속 유명 인물이 아닌 일반, 일상의 소시민부터 글로벌 정치, 환경, 인권 문제 등 폭넓은 소재를 다루며 시사 해설의 대중화를 이끌었다는 평가까지 받았다.

뉴스 말미에 사진 한 장을 뉴스 배경에 띄워놓고 하루를 마무리하던 이 코너에 이어 다음으로는 '김주하의 그런데'라는 코너를 만들었다. 일반적으로 신문은 논설위원들의 사설이 있는데 방송에서는 그런 칼럼을 보기 힘들다는 생각에서 시작한 시도다. 2~3분 정도 시사 이슈나 사회적 현상에 대해 앵커가 짧은 칼럼 형식으로 자신의 시각과 메시지를 전하는 것이었는데 시청자와 언론계 양측에서 공통적으로 "명확한 주제 의식과 세련된 비유, 깊이 있는 통찰이 엿보인다"는 평가가 많았다. 특히 다양한 이슈를 일상적 언어와 친근한 비유로 풀어내며 복잡한 주제도 쉽게 이해할 수 있도록 한다는 점이 큰 강점이었는데 덕분에 "정치, 사회 문제를 한 발 떨어져 유머 감각과 냉철함으로 정리한다. 때론 날카롭

고 때론 따뜻하게 사회적으로 생각해봐야 할 포인트를 적절히 짚어준다"는 평가까지 받았다.

코너의 제목, 이름은 편집회의에서 정해지는데 여러 가지 안이 오가던 중 당시 문화스포츠부를 담당하고 있던 구본철 부장이 '그러나'가 어떠냐고 물었다. 하지만 '그러나'는 무조건 반대를 한다는 느낌이 좀 강하다는 생각이 들었고 그래서 조금은 동조하지만 그럼에도 다른 생각을 얘기하자는 차원에서 '그런데'를 제시해서 '그런데'가 제목으로 채택되었다.

뉴스는 가장 최근 소식을 전해야 한다. 논설이나 논평도 마찬가지다. 당장 원고를 써서 그에 걸맞은 영상도 붙이고 카메라 워킹까지 맞추려면 오후 2~3시 전까지는 '그런데'의 원고를 넘겨야 했다. 편집회의가 2시부터였으니 정확히는 편집회의 전까지 다

써서 넘겨야 하는데 이게 쉽지 않았다. 일단 아침 9시부터 어떤 아이템을 할지 고르기 시작해서 10시, 11시부터는 정해진 주제로 원고를 쓴 다음, 오후 편집회의에 들어가기 전에는 '김주하의 그런데' 원고를 다 넘기고 석간신문도 봐야 하는데 이 시간을 맞출 수가 없었다. 도저히 못하겠다며 손을 놓겠다고 부르짖자 회사에서 돕는 이들을 붙여줬지만 이건 '앵커의 목소리'가 젖어 들어가 있어야 하는 코너다. 결국 7시가 뉴스 시작인데 5시까지도 원고를 넘기지 못하는 날이 비일비재해졌고, 뉴스 전에 녹화를 해야 방송사고가 없다는 PD의 외침은 하나 마나 한 말이 되었다. 녹화는 꿈도 못 꿀 처지였던 것이다. 결국 나 대신 다른 AD가 내 걸음걸이를 흉내 내 뉴스 배경에 띄워둔 사진이나 글에 맞춰 카메라 워킹을 연습하고 난 연습 한 번 없이 생방송으로 '김주하의 그런데'를 하는 게 당연한 일과가 되었다.

'김주하의 그런데'는 종종 날카롭고 직설적이라는 평가도 받고, 심지어 시청자들 중에서는 이 코너를 보기 위해 MBN 뉴스를 본다는 이도 많았다. 오죽하면 종종 뉴스 아이템 중 최고 시청률을 기록했을까. 또한 코너 제목에서 엿볼 수 있듯, 시청자들에게 흔히 예상치 못한 반전이나 숨겨진 이면을 제시하여 기존 뉴스가 다루지 못한 비판적인 시각이나 새로운 관점을 제공한다는 평이 많았다. 물론 가끔씩이지만 제시한 시각과의 반대 의견으로 인한 논란도 있었고 말이다.

이렇게 '김주하의 그런데'는 시청자의 호평과 사랑을 많이 받앉지만, 그 준비 과정은 생방송으로 진행되는 뉴스 속에서 또 하나의 작은 산고였다. 그래서 어떻게 해서든 이 코너를 이어보고 싶었지만, 매일매일 이런 스트레스 속에서 산다는 건 자기 살을 깎아먹는 것이나 다름없었다. 소화가 안 되고 머리가 아프고 나중에는 병원을 제집 드나들듯 다녀야 할 정도로 스트레스를 많이 받았다. 언론인이 최하위를 벗어나지 못했던, 언론보도에서 자주 나오던 직업별 수명표까지 생각났다. 매일 내가 내 수명을 깎아먹고 있다는 데까지 생각이 미치자 '이 정도면 됐다. 그만하자. 이 다음에 내가 앵커를 안 할 때, 그때 집필자로 일주일에 한두 번씩 참여하자' 이런 쪽으로 생각을 정리했다.

사람들은 묻는다. '김주하의 그런데'의 냉철함과 날카로움은 어디서 온 것이냐고. 그 날카로움의 근원은 분노가 아닌 아픔이었다. 사회의 가장 낮은 곳에서 고통받는 이들의 목소리를 대변하고 싶은 절실함이라고나 할까.

사회에서, 집에서, 가정에서 살아남으면서 이제 내 목소리는 더 이상 중립적인 전달자의 목소리가 아니었다. 그것은 불의에 저항하고, 위선에 분노하며, 약자의 편에 서서 싸우는 '생존자의 목소리'였다. 나는 내 아픔을 사회적 아픔과 연결시키고자 했는데 어찌 보면 개인의 트라우마를 사회적 사명으로 승화시키려고 했다고 할 수 있겠다. 피해자의 눈물이 생존자의 무기가 된 것이다.

나는 더 이상 과거에 얽매여 있지 않다. 물론 상처는 여전히 그 자리에 남아 때때로 아프게 하지만 이제 그 상처는 부끄럽지 않다. 그 상처는 내가 얼마나 치열하게 살아남았는지를 증명하는 훈장이자, 내가 앞으로 어떤 목소리를 내야 하는지를 알려주는 나침반이기 때문이다. 오히려 이제는 내가 겪은 고통이, 다른 누군가의 고통을 밝히는 작은 등불이 될 수 있기를 소망한다.

급똥 아닌 급체 사건

나는 뉴스를 진행하는 10년간 점심과 저녁을 거의 다 회사에서 도시락으로 해결했다. 그도 그럴 것이 점심 때는 석간신문을 보고 오후 편집회의를 들어가야 하기에 아예 내 자리에서 점심을 먹으며 뉴스를 보고, 저녁 때는 뉴스 앵커 멘트를 쓰느라 밖으로 나갈 시간이 없었기 때문이다. 하지만 매번 도시락을 싸오는 게 힘들어서 때로는 회사에서 컵라면 같은 것으로 끼니를 때웠는데 마침 2019년 6월 19일에는 내가 준비해 둔 컵라면도, 라면 국물에 말아 먹기 위해 얼려둔 냉동실 밥도, 갖다 둔 김치도 떨어지고 없었다.

나는 빈속으로는 뉴스 진행을 잘 하지 않는다. 예전 M사에서 〈아침뉴스〉를 할 때 빈속으로 진행하다가 뱃속에서 나는 '꼬르륵' 소리가 너무 크게 마이크를 타고 울려퍼져서 "무슨 소리냐"고 묻는 시청자들의 전화가 빗발치고 덕분에 톡톡히 망신을 당한 적이 있기 때문이다. 이 사건 이후 뉴스가 끝나고 저녁 약속이 있다 하더라도 난 꼭 식사를 하고 뉴스를 진행하는 습관이 생겼는데 마침 이 날은 먹을 게 아무것도 없었다. 난 급히 보도국 기자들에게 SOS를 쳤다. 그리고 몇몇 기자들과 같이 여기저기를 뒤지고 있는데 당시 최 모 부장이 내게 큰 선심을 썼다. 자기가 나중에 급할 때 먹으려고 준비해둔 '왕뚜껑' 사발면을 준 것이다. 난 평소 먹던 것보다 사이즈도 크고 양도 많아 기뻐하며 이걸 먹고 뉴스를 준비했다.

그런데… 너무 급히 먹은 탓일까. 처음에 내 자리에 앉아 라면을 먹었을 때는 몰랐는데, AD가 곧 뉴스가 시작하니 가야 한다고 재촉하러 왔을 때, 스튜디오로 출발하기 위해 자리에서 일어서는데 갑자기 어지럽기 시작했다. 메스껍고 뭔가 얹힌 느낌이 강하게 온 것이다. 일어서서 걷기 시작하면 괜찮겠지… 싶었는데 스튜디오가 있는 지하 1층에 내렸을 때 사태가 심각함을 느꼈다. 도저히 뉴스를 못할 것 같다는 불안감이 엄습하기 시작했고 난 스튜디오로 들어가며 소리쳤다.

"대타 앵커 빨리 구해!!"

"네…?"

AD는 그렇게 심각하냐며 물었지만 난 거기에 답을 해줄 만큼의 여유도 없었다. 간신히 같은 말만 되풀이할 뿐이었다.

스튜디오에 들어가서는 상황이 더 심각해졌다. 구토를 하기

급체 사건 당시 뉴스 진행 모습

시작한 것이다. 앵커 멘트 하나를 하고 기자 리포트가 나갈 동안 구토하고, 다시 앵커 차례가 오면 카메라를 보고 간신히 멘트를 하고, 다시 기자 리포트가 나가는 동안 구토하길 반복했는데, 나중에는 앵커 멘트를 하는 동안 구토를 참으니 땀이 비오듯 흐르기 시작했다. 화면으로도 티가 다 날 정도로 말이다. 보다 못한 메인 PD가 소리쳤다.

"뉴스를 여기서 끊을게요!! 도저히 안 되겠습니다!!"

하지만 그럴 수는 없었다. 기자들이 그날 준비한 리포트는 뉴스의 특성상 내일 나갈 수 없는 것들이 대부분이다. 기자들이 하루 종일 준비한 리포트임에도 그날 뉴스에서 소화하지 못하면 그냥 날아가버린다고 해도 과언이 아닌데, 기자 탓도 아니고 앵커

탓으로 그 날 고생해서 준비한 리포트를 못 내보낸다는 것은 있을 수 없는 일이었다.

"안 돼, 그럼 리포트는 어떻게 하고? 대타 앵커는 도대체 오는 거야, 안 오는 거야?!"

내 외침은 계속됐다.

뉴스를 절반 이상 진행했을 때 마침 광화문에 있던 한성원 앵커가 스튜디오에 도착했고 난 그와 교대할 수 있었다.

내 자리가 있는 6층 사무실로 올라가 의자에 앉아 숨을 몰아쉬고 있을 때, 보도국장, 제작국장 등이 놀라서 달려왔다. 그런데 구토를 다 해서 그런지 그때는 좀 살만해졌다. 도대체 왜 그런 거냐고, 뭘 먹었길래 그런 거냐고 그들이 물었을 때 내 답은 하나였다.

"컵라면 먹은 거 밖에 없는데…"

그러자 그들은 내 책상 옆에 있던 빈 컵라면 통을 들여다보았고 이렇게 외쳤다.

"헐… 유통기한이 3년 4개월이 지난 거네요?"

"네…?!"

평소 난 유통기한이 지난 것도 잘 먹는다. 티 나게 상하지 않았거나 냉장 식품이 아니면 웬만하면 괜찮기 때문이다. 하지만 3년 4개월은….

때마침 뉴스를 마치던 한성원 앵커가 이렇게 말했다.

"내일부터는 다시 김주하 앵커가 뉴스를 진행합니다"

"뭐라고!? 오 마이 갓…."

안 그래도 내가 뉴스를 진행하던 차에 땀을 비 오듯 흘리고 급히 자리를 뜬 것에 대해서 네티즌들은 이미 설왕설래를 하고 있었는데 내가 자리를 뜨자마자 괜찮아졌다고, 바로 내일부터는 다시 김주하가 뉴스를 진행한다고 하니, 바로 결론이 내려진 것이다. '급똥'이었다고 말이다. 물론 걱정하는 시청자를 위해 한 말이었다고 하나, 한성원 앵커의 이 한마디로 내 사건은 '급똥'으로 마무리 되었다. 난 정말이지 억울했지만 다음(Daum), 네이버(NAVER) 등에서 내 사건은 계속 회자되었고 "급똥은 저렇게 땀을 흘리지 않는다"는 몇몇 네티즌들에게 "그럼 스튜디오를 나가자마자 괜찮아졌다는 건 어떻게 설명할 것이냐"는 반론에, 그나마 내 편을(?) 들어주었던 네티즌들은 반박을 못했다.

내가 스튜디오에 무섭게 구토해 놓은 것을 내 AD가 치웠다는 소식을 듣고 미안한 마음에 뉴스가 끝나고 밥을 사는 자리였다. 당시는 급박했지만 '이제는 말할 수 있다'는 식으로 웃으며 얘길 하고 있는데 그중 한 명이 이렇게 말했다.

"그런데 이사님, 포털에 들어가서 이사님 이름 치면 '급똥'이 붙어서 떠요."

"뭐…??"

포털 사이트 자동 완성 기능은 사용자가 검색창에 키워드를 입력할 때, 입력한 문자와 연관된 검색어를 실시간으로 자동 추천해주는 서비스인데 여기서 내 이름을 치면 자동 완성으로 '급똥'이 나온다는 것이었다. 그것도 맨 위에 말이다.

물론 포털 사이트가 일부러 그런 것은 아니다. 사용자가 검색어의 일부만 입력해도 자주 검색된 단어나 연관성이 높은 검색어가 실시간으로 추천되기 때문에 그랬던 것인데 당장 막아야 했다.

다음 날 바로 포털에 연락을 했다. 그리고는 진짜 '급똥'이 아니었다고, 제발 '급똥' 만큼은 없애달라고 애원하자, 포털 관계자는 내 소원을 들어주었다. 그래, 정치적인 얘기도 아니고 이 정도는 부탁해도 되겠지 싶었는데 며칠 뒤 내 초등학교 동창에게서 연락이 왔다.

"주하야 네 말대로 이젠 김주하라고 쳐도 자동 완성 기능으로 급똥은 안 나와. 근데 급똥 치니 바로 옆에 네 이름이 뜨네?"

보행기를 탄 앵커

　보통 앵커들은 감기에도 걸리면 안 된다고들 한다. 월화수목금은 물론이고 주말이나 일명 빨간날, 명절이든 국경일이든 쉬는 날이라 할지라도 매일 방송을 해야 하기 때문에 듣는 말인데 난 오른쪽 발목 바깥쪽 복숭아뼈 옆 인대가 끊어져버렸다. 평소 힐을 신지 않다가 뉴스를 진행할 때만 힐을 신는데 뉴스를 하러 가기 직전에 힐을 신다가 '추락(?)'을 한 것이다. 구두를 똑바로 놓고 신으면 될 걸 급하다고 거꾸로 놓인 채로 벽에 붙어있는 힐을 신다가 넘어졌으니 스스로 화를 자초한 것이라고 할 수 있다.

　3년 묵은 라면이야 핑계댈 말이라도 있지만 힐에서의 추락은 할 말도 없었기에 난 1년에 한 번 있는 귀한 휴가를 인대 수술에 쓰고 회사에 복귀했는데 문제가 있었다. 요즘은 앵커들이 뉴스를 가만히 앉아서 진행하지 않고 서서, 혹은 왔다갔다 움직이면서 진행하기에 나도 그렇게 뉴스를 진행하고 있었는데 아무리 발목 인대 수술을 했다고 하나 휠체어를 타고, 혹은 목발을 짚고 뉴스를 진행할 수는 없지 않은가. 특히 다른 뉴스야 그렇다고 쳐도 '김주하의 그런데'는? 이거야 말로 앵커가 두 발로 움직이며 화면이 지루하지 않게 해줘야 하는데 말이다. 게다가 나는 혼자 뉴스를 진행하기에 앵커가 두 사람일 때보다 더 역동적이어야 했다. 고민 끝에 난 거금을 주고 무릎 보행기(Knee walker)를 구입했다.

마침 나는 뉴스 스튜디오 의자도 등받이를 떼어내 사용하고 있었다. 앵커가 이동할 때 의자 등받이가 보이면 이상하기에 AD가 때마다 의자를 책상 앞에 갖다 놓았다 뺐다를 반복하는데, 아무리 봐도 효율적이지 않고 힘들어 보여 아예 내 의자는 등받이를 뽑아버리게 했기 때문이다. 등받이를 뽑아버리는 건 힘들었을지 몰라도 등받이가 없는 의자는 의자가 보이면 안 될 때 책상 밑에 숨기기에도 딱이었다.

난 그 의자를 이용하기로 했다. 무릎 보행기를 이용해 스튜디오에 도착하고 뉴스를 진행하며 서서 움직여야 할 때는 스튜디오 책상 뒤에서 등받이 없는 의자에 깁스한 다리의 무릎을 올리고 남은 한 다리로 이동을 했다. 겉으로는 우아해 보여도 물 밑에서는 쉴 새 없이 다리를 움직인다는 백조처럼 나 또한 멋지게 걷는 척 했지만 사실은 한 쪽 무릎은 등받이 없는 의자에 올리고 남은 다리로 열심히 의자를 밀어댄 것이다.

그렇게 3개월 이상을 살아내고 갑갑하고 가려웠던 깁스를 떼

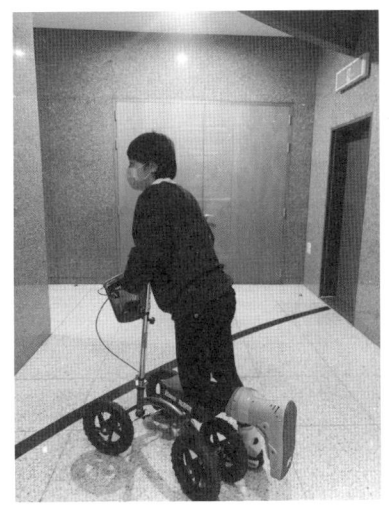 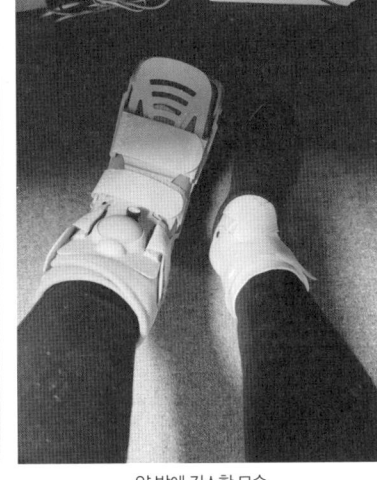

보행기를 타고 이동하는 모습   양 발에 깁스한 모습

어낸 다음 날, 난 홀가분하게 목발을 짚고는 출근하려고 집 엘리베이터 앞에 섰다. 아직 목발을 짚는 게 좋겠다는 의사의 조언도 있었고 발을 디딜 때 아직 아팠으며 다리에 근육도 많이 빠져나가 혼자 힘으로 걷는 게 어려웠기 때문이었다. 그런데 엘리베이터가 15분이 지나도록 안 내려오는 게 아닌가. 15층에서 공사를 하고 있기 때문에 붙잡고 있는 듯 했는데 출근이 늦어진 나는 다급하게 15층에 대고 소리쳤지만 공사 소음에 묻혀 내 목소리가 들리지 않는 듯했다. 그렇다고 목발을 짚은 채로 7층에서 차량이 있는 지하 4층까지 걸어 내려가기는 무서웠다. 난 거의 울다시피하며 소리쳤지만 15층에 멈춘 엘리베이터는 내려올 생각을 하지 않았고

난 결단을 내려야 했다.

'그래 난 할 수 있어 한 발씩 내려가보면 되는 거야. 수십년을 걸어다녔는데 고작 3개월을 안 걸었다고 이걸 못 하겠어?'

하지만 오판이었다. 이미 10분 이상을 15층을 향한 난간에 대고 "제발 엘리베이터를 놔 달라"고 소리를 질러 목은 쉬다시피 했고 긴장을 해서인지 땀범벅, 거기다 목발로 계단을 내려오기란 쉽지 않았고 결국 난 한층도 못 내려가고 계단에서 굴렀다. 회사에서 먹으려고 싼 도시락이 나뒹굴며 다 쏟아졌고, 무엇보다 왼쪽 발목에 통증이 심하게 느껴졌다. 아이쿠. 이번엔 왼쪽 발목 역시 인대가 끊어진 것이다.

마침 7층 앞집에서 나온 아저씨가 날 보고는 놀라 뛰어 내려왔다. 계단 바닥에 널브러진 반찬도 넣어주시고 가방도 주워주시고 날 부축해주셨지만, 결국 난 부끄러움도 모른 채 대성통곡을 했다. 다음날부터 난 양쪽 다리에 깁스를 해야 했다.

마지막 앵커 멘트

마지막 뉴스를 하던 날, 나는 그 날을 잊을 수 없다. 스태프들이 나 몰래 작전(?)을 펼치기 위해 자기들이 보는 큐시트와는 다른, 나만 보는 일명 '주하용 큐시트'까지 만드는 등 여러 가지 준비를 했기 때문이다. 원래 뉴스 말미에 있는 스포츠 뉴스와 날씨 안내가 끝나면 바로 내 마지막 뉴스 클로징을 하도록 큐시트에 나와 있었는데, 날씨가 끝나자마자 갑자기 10년 전 내가 MBN에 입사할 때부터 중간중간 있었던 크고 작은 일들, 그리고 회자되었던 인터뷰 등등을 모은 것을 내보낸 것이다. 그리고 이 편집본이 다 나가고 나서 나를 향한 카메라의 빨간 불이 들어왔다. 난 당황스러움과 감동, 고마움이 교차해 처음엔 말을 잇지 못했다.

"올해로 MBN에서 뉴스를 맡은 지 10년이 됐습니다. 방송에 몸 담고 뉴스를 하며 6명의 대통령을 거치는 긴 시간 동안, 여러

분과 대한민국의 희로애락을 함께 했고 또 제 개인적인 일까지도 함께 울고 웃어주신 여러분들 덕에 여기까지 올 수 있었습니다….

25년 넘게 뉴스와 함께하며 왜 녹조는 매년 발생을 하고, 또 매번 막판엔 녹조가 해결될 방안이 나왔다고 전했는데, 그 다음 해 왜 또 녹조로 우리 강이, 바다가 힘들어하고 있다는 뉴스를 해야 하는 건지 저조차 이해 못 하는 뉴스를 전한 것도 사실입니다.

이제 이 끝나지 않는 뉴스의 숙제는 후배들에게 물려주려고 합니다. 전 또 다른 세계에서 여러분을 맞을 준비를 하겠습니다.

여러분과 함께여서 행복했습니다."

간신히 말을 마치고 카메라가 꺼지자, 더 놀라운 일이 벌어졌다. 뉴스 스튜디오로 기자들과 PD들이 그야말로 쏟아져 들어온 것이었다. 보통 보도국은 6시면 기자들도 다 퇴근을 하거나 다시 또 새로운 취재원과의 약속이 있어 나가는데 이 날은 밤 8시가 넘어서까지 많은 인원들이 남아 있었던 것이다. 게다가 손에는 꽃이며 케이크 같은 선물도 잔뜩 들고 말이다. 뉴스의 배경으로 쓰이는 큐브 화면에는 내 사진과 그동안의 일들이, 스태프들이 내게 해주고 싶은 말들이 빼곡히 적혀 있었고 내 마지막 뉴스를 기념해주기 위해 온 이들과 단체 사진, 개인 사진을 찍으며 스튜디오는 그야말로 한동안 무슨 잔칫집인 양 북적거렸다.

내 마지막 멘트는 사실 열흘 전부터 고민하며 쓴 것이었다. 어떻게 하면 길지 않은 멘트 안에 그동안 뉴스와 함께한 소회, 사회적 책무감, 시청자에 대한 감사, 그리고 새로운 길에 대한 의지를 담을 수 있을까 고민하면서 말이다.

그러다가 솔직해지기로 했다. 매번 정부가 나설 거라며 앞으론 문제없을 것 같이 보도가 나오는데도 여지껏 나도 겪고 있는 한부모의 양육비 미지급 문제, 중국 사막지역에 나무를 심어주면서 이제 황사가 획기적으로 줄어들 것 같이 보도했는데 여전한 황사, 이젠 태풍과 홍수가 오더라도 문제 없을 것 같다고 했는데 여전한 피해 등등 26년간 뉴스를 다뤄오며 "또, 또, 또!?"를 외치던 얘기들 중 반복되는 녹조 소식을 고르며 뉴스엔 정답이 없음을 고백한 것이다. 그리고 여기에 더해 "뉴스를 내려놓지만, 감히 행복했다고 말씀드릴 수 있습니다. 여러분과 함께여서 행복했습니다"라고도, 또한 "뉴스 진행보다 뉴스 모니터가 더 힘들었습니다. 이제는 못 쓴 연차를 좀 써보려 합니다. 과연 10년간의 뉴스 모니터 습관을 언제쯤 바꿀 수 있을지 모르겠지만 천천히 바꿔도 될 것 같습니다. 이제 뉴스는 누구에게나 '삶'이 됐습니다."라는 진솔한 메시지로 마지막 앵커 멘트를 남겼는데, 이 모습이 유뷰트에 올라가자마자 사흘 만에 100만, 일주일 만에 140만 이상이 볼 정도로 많은 이들이 관심을 많이 가져주기도 했다.

뉴스가 끝났지만 난 정말이지… 행복한 앵커가 맞다.

그리고… 이젠 나도 남들이 쉬는 빨간날, 공휴일에 쉴 수 있게 되었다.

"진정한 연민은 동전 한 닢을 던져주는 것이 아니라,
동전을 던지게 만드는 구조 자체를 바꾸려는 것이다."

- 마틴 루터 킹 주니어 *Martin Luther King Jr.*

고통이 나만의 것이 아니라는 것을 깨달았을 때, 세상은 이전과 다르게 보이기 시작했다. 잿더미 위에서 나는 비로소 세상의 가장 낮은 곳, 가장 그늘진 곳에 있는 이들의 신음 소리를 들을 수 있게 된 것이다. 앵커를 하며 뉴스로 전하던 통계 속의 숫자들이 살아있는 얼굴과 목소리로 다가왔다.

9장

세상의
가장
낮은 곳으로

열여덟 어른, 외로운 독립

이유 없는 고난은 없다고 믿는다. 별 볼 일 없는 나를 고난에서 건져내시고 지금까지 이렇게 높여주신 신의 뜻이 따로 있지 않을까? 이런 고민을 안고 있던 어느 날, 나는 뉴스에서 '자립준비청년'이라는 단어와 마주쳤다.

처음에는 고아원 아이들을 어떻게 도울까 고민했다. 일회성이 아닌 장기적으로 아이들을 도울 수 있는 방안이 뭘까 고민했다. 대학생 때 나는 고아원 아이들을 돕기 위해 2주마다 고아원을 방문해 텃밭도 일구고 청소도 하고 이불 빨래도 하는 봉사를 했다. 그러나 대부분의 청소년들은 자기 방에서 나오지 않고 얼굴 한번 내밀지 않았었기에 내가 하는 일이 정말 필요한 일인지 궁금했다. 이왕이면 더 도움이 되는 일을 하고 싶었다.

그런데 이제는 대학생 때 고민하던 것보다 더 막막한 문제를 알게 됐다. 고아원 아이들은 만 18세가 되면 아동복지시설을 떠나 홀로 세상에 나서야 하는데, 말이 법적으로 성인이지, 현실적으로는 아무런 준비 없이 세상에 내던져지는 것이다. 사람들은 그들을 '열여덟 어른'이라고 부른다. 그 이름 속에는 어른이 되어야만 하는 아이들의 서글픈 현실과, 기댈 곳 없이 모든 것을 혼자 감당해야 하는 외로움의 무게가 고스란히 담겨 있다.

이 아이들의 현실은 통계로 보면 더욱 참혹하다. 2023년 보건복지부의 실태조사에 따르면, 자립준비청년의 대학 진학률은 일반 청년에 비해 현저히 낮고, 기초생활수급자 비율은 10배 이상 높으며, 심지어 자살 생각률은 50퍼센트에 육박한다. 이는 이들의 실패가 개인의 나태함이나 의지 부족의 문제가 아니라, 이들을 보호하고 지지해야 할 '사회적 안전망(Social Safety Net)'이 제대로 작동하지 않고 있다는 명백한 증거가 아닐까. 만 18세라는 법적 나이를 기준으로, 어제까지는 '보호 아동'이었던 아이가 오늘부터는 모든 것을 책임져야 하는 '어른'이 되어버리는 것이다.

나는 이 아이들의 처지에서 내 모습이 보였다. 물론 나는 성인이었고, 사회적 기반도 있었지만, 남편의 폭력으로부터 아이들을 데리고 도망쳤을 때 느꼈던 막막함과 고립감은 이 아이들의 그것과 다르지 않았다. 하루아침에 울타리를 잃고, 의지할 어른 없이, 오직 아이들을 지켜야 한다는 책임감만으로 버텨야 했던 그 시간들, 세상에 나 혼자만 덩그러니 남겨진 것 같은 그 끔찍한 외로움을 나는 너무나 잘 알고 있었기 때문이다.

자립준비청년과 일반 청년의 주요 지표 비교 (2023년 기준)

구분	자립준비청년	일반 청년	비고
대학 진학률	약 54%	약 73%	고등 교육 기회의 격차
기초생활수급률	약 41%	약 3%	심각한 경제적 취약성
자살 생각률	약 50%	약 13%	극심한 정신 건강 위기
월평균 소득	약 127만 원	약 200만 원	안정적 소득 확보의 어려움

우리 사회는 이 아이들에게 너무나 가혹한 '구조적 취약성(Structural Vulnerability)'을 강요하고 있다. 가족이라는 가장 기본적인 지지 체계 없이 성장한 아이들에게, 사회는 최소한의 준비 기간이나 훈련도 없이 갑작스러운 독립을 요구한다. 자립정착금이라는 얼마간의 돈을 쥐여주는 것만으로는, 이 아이들이 험난한 세상을 헤쳐나가는 데 필요한 실질적인 지혜와 정서적 지지를 결코 대체할 수 없다. 게다가 자립정착금이라는 얼마 안 되는 돈이라도 빼앗겠다며 사회 어둠 속에서 전문적으로 똬리를 틀고 기다리고 있는 악당들도 이겨내야 한다.

나는 더 이상 이 문제를 '뉴스 아이템'으로만 다룰 수 없었다. 그것은 나의 아픔이었고, 나의 이야기였다. 나의 홀로서기가 얼마나 위태롭고 고통스러웠는지를 알기에, 아무런 준비 없이 세상에 내몰리는 이 아이들의 공포를 외면할 수 없다는 생각이 들었다. 이젠 단순히 통계 수치를 나열하는 식으로 뉴스로만 알리는 데 그치지 않고 직접 내가 작은 돌이라도 던져 물수제비를 만들어야겠다고 결심했다. 이 아이들이 겪는 외로움의 깊이와 절망의 무게를 덜어주는 데 집중해야겠다고 말이다.

'열여덟 어른'이라는 이름은 우리 사회가 얼마나 무책임한지를 보여주는 부끄러운 자화상이다. 아이는 아이답게 성장하고, 상처받은 영혼은 충분히 치유받을 시간을 가져야 한다. 어른이 되는 것을 두려워하지 않아도 되는 사회, 넘어졌을 때 기댈 어깨가 있는 사회를 만들어주는 것은 진짜 어른들의 책임이다. 나의 새로운 사명은 바로 그 책임의 한 조각을 짊어지는 것에서부터 시작되고 있었다.

보이지 않는 상처

"세상에서 가장 무거운 것은 텅 빈 마음이다."

- **레프 톨스토이** *Leo Tolstoy*

자립준비청년 문제에 대해 깊이 들여다볼수록, 이 아이들에게 정말로 필요한 것은 단순히 돈이나 집과 같은 물질적인 지원에 국한되지 않는다는 것을 깨닫게 되었다. 그들의 영혼 깊숙이 새겨진 '보이지 않는 상처', 즉 정서적 트라우마를 치유하는 것이 무엇보다 시급한 과제다. 오랜 기간 동안 가정의 보호를 받지 못하고 시설에서 성장하면서, 이 아이들은 세상과 타인에 대한 근원적인 불신과 애정 결핍을 안고 있었다.

이런 불신과 결핍은 내 아들에게서도 나타났던 문제다. 아빠의 폭행으로 아들은 사람들의 눈을 똑바로 보지 못했었다. 아빠와 살 때는 일주일에 두 번씩 소아정신과에 가서 상담을 받아도 좋아지는 건 그때뿐이었다. 호전되더라도 한 번 폭행이 이뤄지면 다시 처음으로 돌아갔기에 아무 소용이 없다고 해도 과언이 아니었다.

그런데 아빠와 따로 살면서부터는 소아정신과에 상담을 다닐 여력이 없어 못 갔는데도 너무나 좋아졌다. 아빠와 함께 살지 않은 몇 달 만에 아들을 본 사람들이 묻지도 않았는데 먼저 내게 말을 해줄 정도였다.

"아니, 아이가 먼저 와서 날 툭 치면서 인사를 했어요!! 이런 애가 아니었는데?"

그렇다. 아들은 아빠와 따로 살게 된 후로는 별다른 치료를 받지 못했지만 어른들의 눈을 바로 바라보고 자기 얘기를 할 수 있는 보통의 어린이가 되었다. "여덟 살 전이면 얼마든지 고칠 수 있다"는 소아정신과 의사의 말대로 말이다.

영국의 정신분석가 존 볼비(John Bowlby)가 정립한 '애착 이론(Attachment Theory)'에 따르면 영유아기에 주 양육자와 안정적인 애착 관계를 형성하는 것은, 아이가 세상을 안전하고 신뢰할 만한 곳으로 인식하고 건강한 대인관계를 맺어가는 데 결정적인 역할을 한다고 한다. 내 부모님에게 사랑받으며 생활하면 적어도 아들이 나처럼 자랄 수 있을 것이라는 내 믿음대로 지금은 완전히 폭행의 트라우마를 딛고 일어서 잘 지내고 있다.

시설에 있는 아이들은 내 아들처럼 폭행을 당하진 않겠지만 잦은 양육자 교체와 집단생활 속에서 특정인과 깊고 안정적인 애착을 형성할 기회를 박탈당하는 경우가 많다. 이렇게 형성된 '불안정 애착(Insecure Attachment)'은 성인이 된 후에도 삶의 전반에 걸쳐 부정적인 영향을 미친다. 타인과 깊은 관계를 맺는 것을 두려워하고, 쉽게 상처받을 수 있으며, 낮은 자존감과 만성적인 외로움에 시달릴 수 있다. 이 아이들이 사기 범죄에 쉽게 노출되거나, 자신을 해치는 위험한 관계에 빠져드는 이유도 바로 이 근원적인 애정 결핍과 낮은 자존감에서 비롯되는 경우가 많다. 그들은 자신을 진심으로 아껴주고 걱정해주는 '단 한 사람'의 따뜻함에 목말라 있기 때문이다.

나는 이 아이들의 상처에서 내 상처를 보았다. 남편의 지속적인 가스라이팅과 정서적 학대는 나의 자존감을 파괴했고, 가장 믿었던 사람에게 배신당한 경험은 타인에 대한 깊은 불신을 갖게 만들었다. 겉으로 보기에는 아무렇지 않아 보이겠지만, 내 안에는 여전히 치유되지 않은 상처들이 흉터처럼 남아 있고, 나는 이 보이지 않는 상처가 한 인간의 삶을 얼마나 피폐하게 만드는지 누구보다 잘 알고 있다.

특히 이 아이들은 '복합 외상후스트레스(Complex PTSD, C-PTSD)'을 겪는 경우가 많다. 단일 사건으로 인한 외상후스트레스(PTSD)와 달리, 복합 외상후스트레스는 어린 시절부터 장기간에 걸쳐 반복적인 학대나 방임에 노출됐을 때 발생하며, 자기 인식, 감정 조절, 대인관계 능력 전반에 걸쳐 훨씬 더 심각하고 광범위한 후유증을 남긴다. 시설의 아이들은 시스템 안에서 보이지 않는 방임과 정서적 결핍을 지속적으로 경험하며 이러한 복합 외상후스트레스를 내재화하게 되는 경우가 많다.

우리 사회는 이 아이들의 경제적 자립에만 초점을 맞추는 경향이 있다. 하지만 텅 빈 마음을 가진 채로는 결코 건강하게 자립할 수 없다. 상처받은 내면을 보듬고, 스스로를 가치 있고 사랑받을 만한 존재로 인식하게 도와주는 심리적·정서적 지원이 절실한 이유이기도 하다.

사실은 이 청년들을 돕기 위해 내 스스로가 자원과 자금을 직접 마련해야 한다고 생각했다. 그래서 아직도 이와 관련 일을 시작하지 못하고 있었는데 이제는 깨달았다. 돈을 벌어서 뭘 하겠다는 것은 안 하겠다는 것이나 다름없다는 것을. 요원한 일이라는 것을. 그리고 병과 구직 같은 것은 소문을 내라고 했던가. 쑥스럽지만 "자립준비청년을 돕고 싶다"고 목소리를 내기 시작하자 사람들이 모이기 시작했다. 어떤 이는 직접 돕겠다며 사람을 모아주었고 또 어떤 이는 자립준비청년들에게 교육을 할 수 있다면서 박사를 소개해주기도 했다.

한 인간을 진정으로 살리는 것은 돈이나 물질이 아니다. 그것은 '나는 혼자가 아니다', '나는 사랑받고 있다'는 깊은 유대감과 소속감이다. 나는 내가 겪은 고통을 통해, 이 평범한 진리를 뼈저리게 깨달았다. 이제 나의 역할은 보이지 않는 상처로 신음하는 이 아이들의 마음을 어루만져주고, 그들이 다시 세상을 신뢰하고 자기 자신을 사랑할 수 있도록 돕는 것이다.

"한 명의 아이를 키우기 위해서는 온 마을이 필요하다"는 말이 있다. 하지만 우리는 '열여덟 어른'들을 너무나 쉽게 마을 밖으로 내몰고 있다. 이 아이들에게 필요한 것은 일회성의 동정이나 금전적 지원이 아니다. 이들이 트라우마를 극복하고 건강한 사회인으로 성장할 수 있도록 도와줄 수 있는 지속적이고 체계적인 투자가 필요하다. 이는 비용이 아니다. 우리 사회의 미래를 위한 가장 확실한 투자다.

제도의 구멍을 향한 외침

> "세상에는 두 종류의 법이 있다.
> 하나는 부자들을 더욱 억압하기 위한 법이고,
> 다른 하나는 가난한 이들을 더욱 억압하기 위한 법이다."
> - 아나톨 프랑스 *Anatole France*

개인의 선의나 비정기적인 후원만으로는 자립준비청년 문제를 근본적으로 해결할 수 없다. 문제는 '제도'에 있다. 나는 앵커이자 기자로서, 이 아이들을 돕기 위해 만들어진 법과 제도들이 실제 현장에서는 어떻게 작동하고 있는지, 그리고 그 안에 어떤 치명적인 구멍들이 있는지를 파고들기 시작했다. 나의 이혼소송 과정에서 법이라는 제도가 얼마나 개인에게 무력감과 상처를 줄 수 있는지를 직접 경험했기에, 나는 제도적 허점에 대한 본능적인 문제의식을 가지고 있었다.

가장 대표적인 문제가 바로 '자립정착금'이다. 정부는 시설을 퇴소하는 아이들에게 일정 금액의 정착금을 일시불로 지급한다. 취지는 좋지만, 현실은 호락호락하지 않다는 게 문제다.

지역마다 다르지만, 정부가 주는 돈, 그래봤자 전세방 하나 얻지 못할 1,000~2,000만 원의 목돈은 사기꾼의 표적이 되기 쉽고, 경제교육을 제대로 받은 적 없는 재정 관리 능력이 부족한 아이들의 무분별한 소비로 금세 탕진하기 일쑤다. 선의로 만들어진 제도가 오히려 아이들을 더 큰 위험으로 내모는 '정책의 역설(Policy Paradox)'이 발생하고 있는 것이다.

이 '자립의 절벽(Independence Cliff)' 현상은 우리 사회의 제도적 모순을 극명하게 보여준다. 우리는 교육에서 중요한 것은 '아이들에게 물고기를 잡아주는 것을 넘어 물고기 잡는 법을 가르쳐야 한다'고 강조한다. 그렇지만 정작 자립준비청년들에게는 물고기 몇 마리를 던져주고는 곧바로 망망대해로 나가라고 등을 떠밀고 있는 셈이다. 자립은 단 한 번의 이벤트가 아니라, 오랜 시간에 걸친 점진적인 과정이어야 하지만 우리의 제도는 그 과정을 완전히 생략하고 있다.

만 18세 '자립의 절벽'

만 18세 이전 (보호 시스템 내부)	만 18세 생일 (퇴소)	만 18세 이후 (사회)
• 의식주 등 기본적인 생존 해결 • 규칙적인 생활 및 통제 • 미래에 대한 구체적인 준비 부족	• 자립의 절벽: 갑작스러운 완전한 자립 요구 • 일시불 자립정착금 지급 • 모든 사회적 지원망 단절	• 주거, 생계, 학업, 취업 모든 것을 혼자 해결 • 금융 사기, 고립, 정서적 위기 등 각종 위험에 노출

나는 '김주하의 그런데'를 통해 이 문제를 정면으로 다루었다.

"왜 우리는 아이들에게 돈 쓰는 법을 가르치지도 않고 목돈을 쥐여주는 것입니까?"

"왜 이 아이들의 자립을 돕는 통합 지원 시스템은 존재하지 않는 것입니까?"

이런 질문은 단순한 비판을 넘어, 근본적인 시스템의 변화를 촉구하는 외침이었다.

또한, 나는 2021년부터 대법원 양형위원회의 자문위원으로 활동하며, 법과 제도가 사회적 약자들에게 어떻게 적용돼야 하는지에 대한 목소리를 내기 시작했다. 나의 경험은 법이 단순히 문자로만 존재해서는 안 되며, 가장 낮은 곳에 있는 사람들의 현실을 반영하고 그들의 눈물을 닦아주는 따뜻한 심장을 가져야 한다는 것을 가르쳐줬다. 내가 겪은 시스템의 실패가 다른 누군가에게 반복돼서는 안 된다고 굳게 믿는다.

결국 제도의 구멍을 메우는 것은 '관심'에서 시작된다. 우리가 이 아이들의 현실에 무관심할 때, 제도는 관료주의의 편의에 따라 설계되고 집행될 뿐이다. 나는 언론인으로서, 그리고 먼저 아픔을 겪은 한 사람으로서, 이 제도의 구멍을 향해 끊임없이 소리치고 질문을 던져야 할 책임이 있다. 그 외침이 모여, 마침내 차갑고 구멍 뚫린 제도를 따뜻하고 촘촘한 안전망으로 바꾸는 힘이 될 것이라고 믿는다.

거울이 되어줄 한 사람

> "때로는 어둠 속에서 길을 잃었을 때, 우리에게 필요한 것은 거대한 등대가 아니라, 그저 손을 잡아줄 한 사람이다."
>
> - **작자미상**

물질적 지원, 제도적 개선. 이 모든 것이 중요하지만, 자립준비청년 문제의 가장 핵심적인 해답은 결국 '사람'에게 있다는 것을 나는 깨달았다. 이 아이들에게 진정으로 필요한 것은 돈이나 정책 이전에, 힘들 때 기댈 수 있고 좋은 일이 있을 때 함께 기뻐해 줄 단 한 명의 믿을 만한 어른이다. 세상은 무서운 곳이 아니며, 너는 혼자가 아니라고 말해주는 존재, 그들의 가능성을 믿어주고 비춰주는 '거울'이 되어줄 한 사람이다.

이 아이들이 겪는 가장 큰 결핍은 '사회적 자본(Social Capital)'의 부재이다. 사회적 자본이란 개인의 삶을 풍요롭게 하는 신뢰, 네트워크, 관계망 등을 의미한다. 평범한 가정의 아이들은 부모와 친척, 이웃이라는 든든한 사회적 자본을 바탕으로 성장한다. 진로를 고민할 때 조언을 구하고, 돈이 필요할 때 손을 내밀고, 아플

때 기댈 수 있는 관계의 네트워크 말이다. 하지만 시설의 아이들은 대부분 이런 것들과 단절된 채 세상에 나오게 된다. 아니면 아예 없느니만 못한 부모를 마치 혹처럼 달고 나오든지 말이다.

나는 나의 가장 힘들었던 시간을 떠올려 보았다. 이혼소송이라는 어두운 터널을 지날 때, 나를 버티게 한 것은 결국 사람들이었다. 나의 아픔에 함께 울어주고, 나의 결정을 지지해줬던 몇몇의 친구와 동료들, 그 존재가 없었다면 나는 아마 무너져 내렸을 것이다. 하물며 아무런 기반 없이 세상에 나온 이 아이들에게, 믿고 의지할 단 한 명의 어른이 없다는 것이 얼마나 끔찍한 공포일지를 생각하면 가슴이 미어졌다.

그래서 나는 구체적인 행동을 시작하기로 결심했다. 단순히 이들의 현실을 알리는 것을 넘어, 직접 이 아이들의 '거울'이 되어주는 멘토링 활동에 참여하기 시작했다. 멘토의 역할은 인생의 정답을 가르쳐주는 것이 아니다. 그저 곁에서 함께 밥을 먹고, 이야기를 들어주고, 그들의 작은 성공에 진심으로 박수 쳐주는 것이다. 이러한 관계를 통해 아이들은 처음으로 조건 없는 지지와 신뢰를 경험하게 되고, 이를 바탕으로 타인과 세상을 향한 긍정적인 관계를 맺어갈 힘을 얻게 된다.

[멘토링의 긍정적 효과]
- **정서적 안정:** 안정적인 관계를 통해 애착 욕구를 충족하고, 정서적 안정감을 얻는다.
- **자존감 향상:** 멘토의 긍정적인 피드백과 지지를 통해 스스로를 가치 있는 존재로

인식하게 된다.
- **사회성 발달:** 건강한 대인관계 모델을 학습하고, 사회적 기술을 습득한다.
- **사회적 자본 형성:** 멘토를 통해 새로운 관계 네트워크를 형성하고, 사회적 고립에서 벗어난다.

사람들은 묻는다.

"나도 멘토가 될 수 있습니까?"

당연히 가능하다. 어쩌면 오히려 당신이 더 많은 것을 배우고 치유받을 수도 있다. 어려운 환경 속에서도 꿈을 잃지 않고 씩씩하게 살아가는 청년의 모습은 큰 감동과 용기를 줄 수 있기 때문이다. 누구나 아픔과 상처가 있을 텐데, 멘토가 되면 그 상처는 더 이상 나만의 아픔이 아니라, 이 아이의 상처를 이해하고 보듬을 수 있는 공감의 통로가 되는 것이다. 우리는 서로의 거울이 되어, 서로의 아픔을 비추고 서로의 성장을 응원하는 존재가 될 수 있다.

결국 세상의 낮은 곳으로 향했던 나의 발걸음은, 나 자신을 구원하는 길이기도 했다. 나의 고통은 이 아이들을 만나기 위한 길이었고, 나의 상처는 이 아이들을 끌어안기 위한 문이었던 건 아닐까. 거창한 사회 변화를 외치는 것도 중요하지만, 지금 내 옆에 있는 단 한 사람의 손을 잡아주는 것. 나는 그 작은 행동 속에 가장 위대한 변화의 씨앗이 숨어있음을 믿는다. 나의 남은 삶은, 그렇게 상처 입은 아이들의 거울이 되어주는 삶이 될 것이다.

"과거를 바꿀 수는 없지만,
미래는 아직 당신의 손에 달려 있다."

- **휴 로리** *Hugh Laurie*

> 나의 이야기는 한 개인의 기록을 넘어, 우리가 살아가는 이 시대에 대한 질문이 되어야 한다고 믿는다. 잿더미 위에서 다시 일어서는 과정에서 내가 발견한 것은, 상처를 통해 세상을 더 깊이 이해하는 법이었고, 나의 목소리가 나 자신만을 위한 것이 아님을 깨닫는 과정이었다. 언론인으로서 나의 유산은 과거의 영광이 아니라, 미래를 향해 어떤 메시지를 던지는가에 달려 있을 것이다.

10장

새로운 시대를 위한 메시지

완벽이 아닌 온전함을 향하여

"성공은 최종적인 것이 아니며, 실패는 치명적인 것이 아니다.
중요한 것은 계속 나아가는 용기다."

- 윈스턴 처칠 *Winston Churchill*

나의 젊은 시절, 성공의 정의는 명확했다. 최고의 자리에 오르는 것, 모두에게 인정받는 것, 완벽한 커리어와 완벽한 가정을 꾸리는 것. 나는 그 목표를 향해 전력으로 질주했고, 한때 그 모든 것을 다 가졌다고 믿었다. 대중은 나를 '성공한 여성'의 아이콘으로 불렀고, 나는 그 프레임 안에서 안주했다. 하지만 인생의 가장 큰 폭풍우는 내가 가장 높은 곳에 서 있다고 믿었을 때 찾아왔다. 모든 것이 무너져 내린 뒤에야, 나는 내가 좇던 성공이 얼마나 위태롭고 공허한 신기루였는지를 깨달았다.

정신과 의사 빅터 프랭클(Viktor Frankl)은 그의 저서 《죽음의 수용소에서》를 통해 '로고테라피(Logotherapy)'라는 개념을 제시했다. 인간 존재의 가장 근원적인 동기는 쾌락이나 권력이 아닌, '의미를 찾으려는 의지'라는 것이다. 그는 극한의 고통 속에서도 삶의 의미를 발견하는 것이 인간을 살아가게 하는 힘이라고 역설했다. 이런 면에서 내 시련은 나에게서 모든 것을 앗아가는 듯 보였지만, 역설적으로 '성공'의 의미를 다시 물어보게 하는 기회를 주었다. 더 이상 세상이 정해놓은 성공의 기준에 나를 맞추지 않기로 했다.

이제 내가 정의하는 성공은 '완벽함(Perfection)'이 아니라 '온전함(Wholeness)'을 추구하는 삶이다. 온전함이란 나의 빛나는 모습뿐만 아니라, 나의 상처와 실패, 부서진 조각들까지도 끌어안고 나아가는 용기를 의미한다. 캐롤 드웩(Carol Dweck)의 말대로 실패를 끝이 아니라 성장의 과정으로 받아들이는 것이다. 나의 이혼과 가정 폭력의 경험은 지우고 싶은 과거가 아니라, 지금의 나를 만든 일부이며, 타인의 아픔에 더 깊이 공감하게 만든 소중한 자산이 되었다.

우리는 모두 완벽하지 않은 세상에서 불완전한 존재로 살아간다. 그럼에도 우리 사회는 끊임없이 완벽을 강요한다. 완벽한 성적, 완벽한 직장, 완벽한 가정. 이 완벽에 대한 강박이 우리를 얼마나 병들게 하는가. 내 과거는 이 완벽이라는 신기루가 얼마나 위험한지를 증명한다. 진정한 성공은 넘어지지 않는 것이 아니라, 넘어져도 다시 일어서는 회복탄력성에 있는데 말이다. 상처 입었음을 인정하고, 도움을 청하고, 그 상처를 통해 배우고 성장하는 용기 속에 진짜 성공이 있다.

그러니 부디 당신의 실패를 부끄러워하지 않았으면 좋겠다. 당신의 상처를 숨기지 말았으면 좋겠다. 실패나 상처는 당신이 얼마나 치열하게 살아왔는지를 보여주는 증거이기 때문이다. 트로피와 박수갈채가 아닌, 당신의 존재 자체가 누군가에게 희망이 되고 위로가 될 때, 우리는 비로소 가장 온전한 의미의 성공에 다다를 수 있다.

AI 시대, 인간 저널리스트의 길

"우리는 우리의 도구를 만들고,
그 다음에 우리의 도구가 우리를 만든다."

- 마셜 매클루언 *Marshall McLuhan*

어느덧 우리는 AI 앵커가 뉴스를 진행하는 시대를 살고 있다. 인공지능은 나보다 더 정확한 발음으로, 지치지 않고, 24시간 내내 뉴스를 전달할 수 있다. 이러한 기술의 발전 앞에서, 많은 이들은 자신의 미래에 대해 불안을 느낀다. 나의 정체성과도 같은 '앵커'라는 역할이 과연 인공지능으로 대체될 수 있을까? 나는 이 질문에 대한 답이, 위기가 아닌 새로운 기회에 있다고 믿는다.

AI의 등장은 우리 인간 저널리스트들에게 본질적인 질문을 던진다. "우리의 대체 불가능한 가치는 무엇인가?" AI는 방대한 데이터를 분석하고, 사실을 요약하며, 정해진 원고를 완벽하게 읽어낼 수 있다. 하지만 AI는 독도의 세찬 바람 속에서 역사의 무게를 느끼지 못하고, 세월호 유가족의 눈물을 보며 함께 아파하지 못하며, 사회적 약자의 침묵 뒤에 숨겨진 절규에 분노하지 못한다.

바로 이 지점에 인간 저널리스트의 미래가 있다. 우리의 길은 AI와 속도나 정확성을 경쟁하는 것이 아니라, AI가 결코 가질 수 없는 인간 고유의 역량을 극대화하는 데 있다. 그것은 바로 '공감(Empathy)', '비판적 사고(Critical Thinking)', 그리고 '윤리적 판단(Ethical Judgment)'이다. AI는 '무엇'이 일어났는지를 전달할 수 있지만, 인간은 그 일이 '왜' 일어났으며, 그것이 우리에게 '어떤 의미'를 가지며, 우리는 '무엇을 해야 하는지'를 물어야 한다.

나는 '김주하의 그런데'를 통해 나의 의견을 밝혔다. 그것은 때로 논란을 낳기도 했지만, 난 그것이 이 시대에 인간 앵커가 해야 할 역할이라고 믿었다. 단순한 정보의 중계자를 넘어, 세상을 향해 질문을 던지고, 토론을 이끌어내며, 공동체가 나아갈 방향에 대한 고민의 중심에 서는 것. 이는 알고리즘이 결코 대체할 수 없는, 살아있는 인간의 영역이기 때문이다.

AI 앵커 vs 인간 앵커의 역할 비교

영역	AI 앵커 (정보 처리자)	인간 앵커 (의미 전달자)
사실 전달	빠르고 정확한 정보 요약 및 전달	사실의 맥락과 이면을 분석하고 해석
데이터 분석	방대한 데이터 패턴 인식 및 시각화	데이터 속에 숨겨진 인간의 이야기를 발견
공감 능력	감정 데이터 분석 및 모방	타인의 고통에 진심으로 공감하고 연대
의제 설정	주어진 알고리즘에 따른 정보 배열	사회적 약자의 관점에서 의제를 발굴하고 제시
윤리적 판단	프로그래밍된 규칙 준수	진실, 공익, 인간 존엄성 사이에서 고뇌하고 판단

미래의 저널리즘은 기술과의 융합을 피할 수 없다. 우리는 AI를 경쟁자가 아닌, 진실을 탐사하는 강력한 파트너로 활용해야 한다. AI를 통해 더 깊이 있는 데이터를 분석하고, 반복적인 업무에서 벗어나 더 중요한 가치, 즉 인간을 만나고, 현장을 지키고, 권력을 감시하는 데 우리의 시간을 써야 한다.

결국 AI 시대에 인간 저널리스트가 나아갈 길은, 역설적으로 '더 인간다워지는 것'이다. 더 깊이 공감하고, 더 치열하게 질문하며, 더 용기 있게 판단하는 것. 나의 남은 언론인으로서의 삶은, 이 길이 틀리지 않았음을 증명해 보이는 과정이 될 것이다. 기술이 아무리 발전해도, 사람의 마음을 움직이는 것은 결국 사람의 진심 어린 목소리뿐이기 때문이다.

레거시, 연결을 통해 완성되다

> "당신이 남기는 유산은, 당신이 무엇을 가졌는지가 아니라,
> 당신이 무엇을 나누었는지로 결정된다."
>
> - 오프라 윈프리 *Oprah Winfrey*

오랜 시간, 앵커 데스크는 나의 세상 전부였다. 방송국의 붉은 불이 켜지는 순간이 나의 존재 이유였고, 시청률과 수상 경력이 나의 가치를 증명하는 훈장이었으며 나는 그 자리에서 나의 '레거시(Legacy)'를 만들고 있다고 믿었다. 하지만 내 삶의 가장 큰 시련은, 그 모든 것이 한순간에 사라질 수 있는 허상에 불과하다는 것을 가르쳐주었다. 진정한 유산은 내가 앉았던 자리가 아니라, 내가 누구의 손을 잡아주었는가에 의해 기록되기 때문이다.

정신분석학자 에릭 에릭슨(Erik Erikson)은 인간의 발달 단계 중 중년기의 가장 중요한 과업으로 '생산성 대 침체(Generativity vs. Stagnation)'를 제시했다. 생산성이란 다음 세대를 돌보고 사회에 기여함으로써 자신의 유산을 남기려는 욕구를 의미하는데 이 과업에 실패할 때, 개인은 자신의 안위에만 몰두하는 '침체'에 빠지게 된다. 나의

개인적 고통은, 나를 침체의 늪으로 끌어당기는 듯 보였지만 자립준비청년들을 만나면서, 나는 비로소 진정한 의미의 생산성을 발견하게 되었다.

내 상처는 더 이상 나만의 아픔이 아니었다. 그것은 세상의 가장 연약한 아이들의 상처와 공명하는 '연결의 통로'가 되었다. 내가 겪은 고립감은 그들의 외로움을 이해하게 했고, 나의 생존을 위한 투쟁은 그들이 홀로서기를 할 수 있도록 도와야 한다는 사명감을 일깨웠다. 이제는 이 아이들의 '거울'이 되어, 그들 안에 있는 무한한 가능성을 비춰주고 싶다.

나의 레거시는 더 이상 내가 진행한 뉴스의 헤드라인이나, 내가 받은 트로피의 개수로 기록되지 않을 것이다. 나의 유산은 내 멘토 역할을 받은 아이가, 나의 멘티가 세상의 편견을 딛고 당당하게 자립하는 그 모습에서, 또한 나의 목소리를 통해 제도의 구멍이 메워지고 또 다른 '열여덟 어른'이 눈물을 흘리지 않게 되는 그 변화 속에서 찾아낼 수 있길 바란다.

우리는 모두 누군가에게 영향을 주고받으며 살아가는 연결된 존재이다. 당신이 지금 겪고 있는 고통이 있다면, 그것을 당신 안에 가두지 않았으면 좋겠다. 당신의 상처가 언젠가 당신과 비슷한 상처를 가진 다른 누군가의 손을 잡아줄 수 있는 가장 따뜻한 손이 될 수 있음을 믿었으면 좋겠다. 진정한 유산은 쌓아 올리는 것이 아니라 나누는 것이기에, 홀로 빛나는 별이 아니라 서로를 비추는 별자리가 되면 더 아름답지 않을까.

진실의 무게와 공감의 윤리

> "진실은 종종 단순하지 않으며,
> 그것을 마주하는 것은 불편할 수 있다."
>
> - **한나 아렌트** *Hannah Arendt*

나의 이혼소송은 한 개인의 사적인 아픔을 넘어, 대중의 호기심을 자극하는 하나의 거대한 '사건'으로 소비되었다. 나는 법정뿐만 아니라, 세상의 모든 사람이 판관이 되는 '여론의 법정'에도 서야만 했다. 이 과정에서 나는 진실이 얼마나 쉽게 왜곡될 수 있는지, 그리고 공감 없는 호기심이 한 인간에게 얼마나 잔인한 폭력이 될 수 있는지를 뼈저리게 경험했다. 이 메시지는 우리가 진실을 대하는 태도, 그리고 타인의 고통을 소비하는 방식에 대한 성찰이자 제언이다.

프랑스 사상가 기 드보르(Guy Debord)는 현대 사회를 '스펙터클의 사회(The Society of the Spectacle)'라고 정의했다. 모든 것이 이미지와 상품으로 전환되어 소비되는 사회. 나의 가장 고통스러운 시간들은 어찌 보면 언론과 대중에게 완벽한 스펙터클이었다. 자극적인 헤드라인이 난무했고, 확인되지 않은 사실들이 진실인 양 유포되며 나의 아픔은 더 이상 나의 것이 아니라, 대중의 흥미를 끌기 위한 가십이자 드라마가 되기도 했다.

이러한 현상 속에서 '무죄 추정의 원칙'은 너무나 쉽게 무시된다. 법의 판단이 내려지기도 전에, 여론은 이미 가해자와 피해자를 규정하고 돌을 던진다. 특히 공인의 경우는 이러한 '여론 재판'의 위험에 무방비로 노출되는데 이 과정에서 저널리즘의 책임을 통감하지 않을 수 없다. 속도 경쟁과 클릭 수에 매몰된 언론이 진실의 무게를 감당하기보다는, 대중의 호기심에 영합하는 스펙터클을 생산하는 데 일조하고 있지는 않은가.

피해자에게 이러한 과정은 끔찍한 '2차 피해(Secondary Victimization)'를 안겨준다. 가해자에게 받은 상처를 치유하기도 전에, 세상의 날 선 시선과 무분별한 비난, 왜곡된 사실과 싸워야만 하기 때문이다. 자신의 가장 아픈 기억을 법정에서 증언하고, 그것이 다시 대중의 입에 오르내리는 것을 지켜보는 것은 영혼을 난도질당하는 것과 같은 고통이지만 진실을 밝히려는 용기는 종종 더 큰 상처라는 대가를 치러야만 한다.

이때 우리가 가져야 할 태도는 호기심이 아닌 '공감적 연민(Compassion)'이다. 심리학에서는 단순히 타인의 감정을 느끼는 '공감적 고통(Empathic Distress)'과, 그 고통을 덜어주고 싶어 하는 '연민'을 구분한다. 전자는 종종 감정적 소모나 회피로 이어지지만, 후자는 실질적인 도움과 지지로 이어진다. 타인의 불행을 스펙터클로 소비하는 것은 공감적 고통의 가장 왜곡된 형태일 뿐, 진정한 공감이 아니다.

　소셜미디어의 발달은 이러한 문제를 더욱 심화시키고 있다. 익명성에 기댄 무차별적인 악성 댓글과 가짜 뉴스는 순식간에 퍼져나가며 한 사람의 인생을 파괴한다. 우리는 클릭 한 번, 댓글 하나가 누군가에게는 지워지지 않는 흉터가 될 수 있다는 사실을 기억해야 한다. 진실을 마주하는 것은 불편하다. 하지만 그 불편함을 감수하고 사실관계를 확인하려는 최소한의 노력, 그리고 고통받는 사람의 입장에서 한 번 더 생각해보는 윤리적 태도가 절실히 필요하다.

　앵커로서 나는 이 경험을 통해 말의 무게를 다시 한번 깨닫게 되었다. 내가 뱉는 한마디가, 내가 선택하는 하나의 단어가 누군가의 삶에 어떤 영향을 미칠 수 있는지를 온몸으로 배웠다. 이제는 단순히 사실을 전달하는 것을 넘어, 그 사실이 가진 무게와 그 안에 담긴 사람의 눈물을 함께 전하고자 노력해야 한다.

　우리는 모두 잠재적인 판관이자, 잠재적인 피해자가 될 수 있는 시대를 살고 있다. 그러니 부디 당신의 손가락이, 당신의 혀가 한 인간의 존엄을 해치는 칼이 되지 않도록 경계하는 건 어떨까. 호기심보다는 연민을, 단정보다는 신중함을, 비난보다는 이해를 선택하는 성숙한 시민 의식이 모일 때, 우리 사회는 비로소 진실의 무게를 감당할 수 있을 것이다.

당신의 목소리를 찾아라

"당신의 침묵은 당신을 보호해주지 않는다."

- 오드리 로드 *Audre Lorde*

나의 삶은 '목소리'를 찾고, 잃고, 그리고 다시 찾아가는 여정이었다고 할 수 있다. 아나운서를 꿈꾸던 어린 시절, 세상을 향해 나의 목소리를 내고 싶었고 앵커가 되어 그 꿈을 이루었지만, 결혼 생활 속에서 내 목소리를 잃어버렸다. "왜 남자처럼 말해?"라는 비난 속에서, 폭력의 공포 속에서 나는 침묵하는 법을 배웠고 그 지독한 침묵의 터널을 지나, 나는 비로소 진정한 나의 목소리를 되찾게 되었다.

나는 가정이라는 작은 사회 안에서 철저히 고립되었고, 나의 고통을 말하는 것이 비정상적인 것이라 느끼며 침묵의 나선에 갇혔다. 가정 폭력, 사회적 부조리 등 수많은 문제들이 바로 이 침묵 속에서 자라난다는 걸 모르고 말이다.

침묵은 결코 우리를 보호해주지 않는다. 침묵은 문제를 해결하는 것이 아니라, 문제를 묵인하고 키울 뿐이다. 내가 용기를 내어 나의 침묵을 깼을 때, 비로소 변화는 시작되었다. 그것은 끔찍하게 고통스럽고 두려운 과정이었지만, 나의 목소리는 나 자신을 구원했을 뿐만 아니라, 나와 비슷한 고통을 겪고 있는 다른 누군가에게 작은 용기가 되어주었다고 확신한다.

목소리를 낸다는 것은 단순히 말을 하는 행위가 아니다. 그것은 자신의 존재를 긍정하고, 자신의 권리를 주장하며, 부당함에 저항하는 '심리적 임파워먼트(Psychological Empowerment)'의 과정이다. 내가 나의 아픔에 대해 이야기하기 시작했을 때, 나는 더 이상 무력한 피해자가 아니었다. 나는 나의 서사를 직접 써내려가는 주체적인 존재, 즉 '생존자'가 되어 있었다. 당신의 이야기를 하는 순간, 당신은 당신의 삶의 주도권을 되찾게 된다.

우리는 모두 각자의 목소리를 가지고 있다. 하지만 많은 사람들이 세상의 기준, 타인의 시선, 실패에 대한 두려움 때문에 자신의 목소리를 내는 것을 주저한다. '나 같은 사람이 말해봐야 무슨 소용이 있겠어'라며 스스로를 검열하고 침묵한다. 그러나 세상의 모든 위대한 변화는 '나 같은 사람'의 작은 목소리에서부터 시작된다는 것을 잊으면 안 된다.

나의 이야기가 당신에게 작은 울림을 주었다면, 이제 당신의 이야기를 할 차례이다. 당신이 겪은 부당함, 당신이 꿈꾸는 세상, 당신이 전하고 싶은 진실은 무엇인가. 당신의 목소리는 당신이 생각하는 것보다 훨씬 더 강한 힘을 가지고 있다. 당신의 목소리가 필요한 곳이 분명히 있다.

앵커로서 수많은 사람의 목소리를 전해온 나는 이제 나의 마지막 메시지를 전하려 한다.

"부디 당신의 목소리를 찾으십시오. 그리고 그 목소리를 내는 것을 두려워하지 마십시오. 당신이 침묵을 깨고 용기 있게 내딛는 그 한 걸음이, 당신 자신을 구원하고 세상을 바꾸는 가장 위대한 시작이 될 것입니다."

홀로 설 수 없는 삶

"빨리 가려면 혼자 가고, 멀리 가려면 함께 가라."
- 아프리카 속담

　내 이야기는 '홀로서기'라는 키워드로 요약될 수 있을 것이다. 하지만 그 치열했던 홀로서기의 과정 속에서 내가 역설적으로 깨달은 것은, 인간은 결코 홀로 설 수 없는 존재라는 사실이다. 가장 가까운 관계였던 가족에게서 가장 깊은 상처를 입었을 때, 세상에 혼자만 남겨진 것 같은 절대적 고립감에 빠졌지만 그 폐허 속에서 나를 일으켜 세운 것은, 전혀 예상치 못했던 곳에서 내밀어준 따뜻한 손길들이었다.

　사회학자 에밀 뒤르켐(Émile Durkheim)은 사회적 연대의 부재가 개인을 '아노미(Anomie)' 상태, 즉 규범이 부재한 혼돈과 무력감에 빠뜨린다고 했는데 내가 겪었던 고립감이 바로 이 아노미 상태였다. 내가 믿었던 모든 가치와 관계가 무너져 내리며, 어디로 가야 할지, 무엇을 믿어야 할지 알 수 없는 상태 말이다.

어떻게 그 상태를 벗어날 수 있었을까. 보통 사람은 사회적 지지를 통해 일어서게 된다. 첫째, 나의 아픔에 공감하고 위로해주는 '정서적 지지', 둘째, 실질적인 도움(육아, 법률 자문 등)을 주는 '도구적 지지', 셋째, 문제 해결에 필요한 정보나 조언을 주는 '정보적 지지'를 통해서 말이다. 내 경우, 내 이야기에 함께 울어준 친구, 묵묵히 나의 법정 싸움을 도와준 변호인단, 그리고 방송을 통해 응원의 메시지를 보내준 시청자들이 바로 그들이었다.

나는 이 경험을 통해 '가족'의 의미를 다시 생각하게 되었다. 가족이 나에게 가장 큰 상처를 주었지만, 일명 '남'이 나에게 새로운 가족이 되어주었기 때문이다. 우리는 누구에게서 태어났는지가 아니라, 누구와 함께 삶의 무게를 나누는가에 의해 진정한 가족을 이루게 되는데, 이 깨달음은 내가 자립준비청년들에게 그토록 마음이 쓰이는 이유와도 연결이 된다. 이들은 태어날 때부터, 혹은 그 이후에 가장 근원적인 공동체인 가족을 잃어버렸기에 이들에게 필요한 것은 단순히 돈이나 집이 아니라, 바로 이 '사회적 가족'이 되어줄 공동체이다. 나의 작은 멘토링 활동은, 내가 받았던 그 따뜻한 손길을 이제는 내가 누군가에게 건네주는 행위이다. 그들의 '사회적 가족'의 일원이 되어주는 것이다.

우리는 점점 더 파편화되고 고립된 시대를 살고 있다. 1인 가구는 급증하고, 이웃과의 교류는 사라지고 있으며, 모든 관계는 이해타산을 기반으로 맺어진다. 하지만 인간은 관계 속에서만 온전해질 수 있는 존재이다. 시련은 나에게 이 평범한 진리를 다시

한 번 일깨워주었다. 가장 깊은 고통 속에서, 우리는 역설적으로 타인의 소중함을 배우게 된다.

그러니 당신이 지금 힘든 시간을 보내고 있다면, 혼자 모든 것을 짊어지려 하지 말라. 용기를 내어 주변에 도움을 청하라. 그리고 당신이 누군가의 손을 잡아줄 여유가 있다면 망설이지 말고 손을 내밀어라. 우리는 서로의 상처를 보듬는 거울이 되어줄 때, 비로소 함께 더 멀리 나아갈 수 있다.

가장 인간적인 미래를 위한 기술

"우리가 마주한 진정한 문제는 기계가 인간처럼 생각할 것인가가 아니라, 인간이 기계처럼 생각할 것인가이다."

- **B.F. 스키너** *B. F. Skinner*

우리는 인공지능(AI)이라는 거대한 기술적 특이점의 문턱에 서 있다. AI 앵커가 뉴스를 전하고, AI가 인간의 고유한 영역이라 믿었던 창작과 분석을 넘보는 이 시대, 이 거대한 변화 앞에서 우리는 종종 두려움을 느끼고, 기술이 인간을 지배하는 디스토피아를 상상하기도 한다. 하지만, 기술 그 자체는 선도 악도 아니다. 중요한 것은 그 기술을 사용하는 우리 인간의 의지와 방향성이다.

이제 우리가 가진 가장 진보된 기술을, 우리 사회의 가장 소외된 이들을 위해 사용해보는 건 어떨까. 특히, 자립준비청년들에게 AI 기술은 이전에 없던 새로운 희망의 도구가 될 수 있다.

자립준비청년들에게 물고기를 잡아 주는 게 아니라 물고기 잡는 법을 가르쳐야겠다고 생각하고 있을 때, AI가 눈에 들어왔다. 이 아이들에게 AI 만드는 법이나 사용법을 가르치는 건 어떨까 하고 말이다. 그러려면 이 아이들이 중학교 3학년생이거나 고등학생 때부터 가르치는 게 맞고, 그럼 이들이 사회에 나왔을 때 취업이나 사업을 할 수 있지 않을까.

굳이 취업 같은 생산성으로만 따질 일도 아니다. 상상해보자. 세상에 홀로 남겨진 아이에게, 24시간 언제든 맞춤형 학습을 도와주는 AI 교육 멘토가 있다면 어떨까. 복잡한 금융 상품과 주거 계약 앞에서 사기를 당하지 않도록, 개인의 상황에 맞는 조언을 해주는 AI 재정 상담사가 있다면 어떨까. 말 못 할 고민과 트라우마를 편견 없이 들어주고, 전문적인 상담으로 연결해주는 AI 심리 상담 챗봇이 있다면 얼마나 많은 비극을 막을 수 있을까.

이는 공상과학 소설이 아니다. 이미 기술적으로 충분히 구현 가능한 일들이다. 문제는 기술이 아니라, 우리의 관심과 자원의 분배에 있을 뿐이다. 우리는 AI 기술을 개발하며 얻는 막대한 이익의 일부를, 이처럼 사회의 어두운 곳을 밝히는 데 사용해야 할 윤리적 책임을 가지고 있다. 이를 'AI의 사회적 책임(Social Responsibility of AI)' 또는 'AI for Good'이라 부르는데, 기술의 혜택이 소수에게 집중되는 '디지털 격차(Digital Divide)'를 넘어, 기술이 사회적 약자들을 위한 '디지털 다리(Digital Bridge)'가 되도록 하자는 것이다.

물론, AI가 인간을 완전히 대체할 수는 없다. 기술은 따뜻한 인간의 손길을 보조하고, 그 연결을 더 쉽게 만들어주는 '도구'여야 한다. AI 멘토가 학습을 돕더라도, 결국 아이에게 필요한 것은 함께 웃고 울어줄 인간 멘토의 존재여야 한다. AI 기술은 인간 공

자립준비청년을 위한 인간 중심 AI 활용 방안

영역	문제점	AI 활용 솔루션	기대 효과
교육	학습 격차, 진로 상담 부재	AI 기반 맞춤형 학습 플랫폼, 진로 탐색 멘토링	교육 기회 균등, 잠재력 개발
금융/주거	금융 지식 부족, 사기 노출	AI 재정 관리 코치, 안전 계약 검토 시스템	경제적 자립 역량 강화
정서/심리	트라우마, 고립감, 우울	AI 심리 상담 챗봇, 멘토-멘티 매칭 알고리즘	정신 건강 증진, 사회적 관계망 형성
생활 관리	건강, 식단 등 일상 관리 어려움	개인 맞춤형 건강 관리 AI 비서	건강한 생활 습관 형성

동체의 역할을 약화시키는 것이 아니라, 오히려 그 공동체가 더 효율적이고 따뜻하게 작동할 수 있도록 돕는 방향으로 설계되어야 하고 말이다.

나는 언론인으로서, 그리고 먼저 아픔을 겪은 한 인간으로서, 기술이 가진 이 엄청난 잠재력이 올바른 방향으로 사용되도록 목소리를 내야 할 사명을 느낀다. 기술의 발전이 단 한 명의 아이라도 더 구하고, 단 하나의 눈물이라도 더 닦아줄 수 있다면, 그것이야말로 우리가 기술을 발전시켜야 하는 진정한 이유가 아닐까.

우리의 미래는 어떤 기술을 가졌는가에 의해 결정되지 않는다. 그 기술로 어떤 세상을 만들기로 '선택'하는가에 의해 결정된다. 부디 우리의 선택이, 가장 진보된 기술로 가장 인간적인 온기를 만들어내는, 그런 따뜻한 미래를 향하기를 간절히 소망해본다.

희망이라는 이름의 앵커

> "희망은 어떤 일이 잘될 것이라는 낙관론이 아니다.
> 그것은 결과와 상관없이,
> 그 일이 옳기 때문에 의미가 있다는 확신이다."
> - **B.F. 스키너** *B. F. Skinner*

나는 '앵커(Anchor)'라는 단어의 또 다른 의미를 사랑한다. 앵커는 배를 항구에 단단히 고정시켜, 거친 폭풍우에도 떠내려가지 않도록 하는 '닻'을 의미한다. 나의 삶이 송두리째 흔들리는 폭풍우 속에서, 하루하루 살아내야 한다는 간절함은 바로 이 '앵커'의 역할을 해주었다. 아이들의 미래라는 앵커, 진실을 전해야 한다는 사명이라는 앵커, 그리고 나를 향한 신의 계획이 있을 것이라는 믿음의 앵커… 이 닻들이 있었기에 나는 표류하거나 침몰하지 않을 수 있었다.

이제 나는 다른 누군가를 위한 '희망의 앵커'가 되고 싶다. 특히, 이제 막 세상이라는 거친 바다로 나온 자립준비청년들에게, 그들이 풍랑에 휩쓸리지 않도록 잠시 기댈 수 있는 작은 닻이 되어주고 싶다. "괜찮아, 이 폭풍우는 지나갈 거야", "너는 혼자가 아니야"라고 말해주며, 그들이 자신의 삶의 항로를 찾아 나아갈 수 있도록 돕는 것. 그것이 내가 나의 시련을 통해 얻은 마지막 소명이다.

우리는 모두 각자의 바다를 항해하고 있다. 때로는 잔잔하고 평화롭지만, 때로는 예측할 수 없는 폭풍우를 만나기도 한다. 당신이 지금 어떤 바다 위에 있든, 부디 당신의 삶에 희망이라는 앵커를 내리는 것을 포기하지 말라. 그 희망이 거창할 필요는 없다. 내일 아침의 따스한 햇살, 아이의 작은 웃음, 친구의 따뜻한 격려 한마디. 그 작은 희망의 조각들이 모여 당신의 배를 단단히 붙들어 줄 것이다.

나의 이야기는 여기서 끝이 나지만, 당신의 이야기는 이제 시작이다. 부디 당신의 삶이라는 배가 수많은 폭풍우를 이겨내고, 당신이 꿈꾸는 희망의 항구에 무사히 닿기를 진심으로 기도한다. 나의 목소리가, 당신의 항해에 작은 등대가 될 수 있었다면 더 바랄 것이 없겠다.

| 에필로그 |

당신의 목소리로

"결국, 우리의 삶에서 가장 중요한 질문은
'나는 다른 사람들을 위해 무엇을 했는가'이다."
- **마틴 루터 킹 주니어** *Martin Luther King Jr.*

잉크 냄새와 신문지 바스락거리는 소리를 사랑했던 어린 소녀가 있었습니다. 세상의 소식을 전하는 언론인이 되어, 스튜디오의 밝은 조명 아래 서는 것이 꿈의 전부였던 아이였습니다. 그 아이는 훗날 꿈을 이루어 대한민국 최고의 앵커라는 영광스러운 자리에 올랐습니다. 세상은 그녀에게 성공이라는 찬사를 보냈고, 그녀 역시 그 찬사가 자신의 삶을 증명하는 전부라고 믿었습니다.

이 책은 바로 그 소녀가 걸어온 길에 대한 기록입니다. 하지만 동시에, 그녀가 꿈꾸었던 길과는 전혀 다른, 상상조차 하지 못했던 길을 걸으며 비로소 진짜 자신을 찾아가는 여정에 대한 고백이

기도 합니다. 이 책을 쓰면서 깨달은 점은 나의 삶은 가장 뜨거운 풀무불을 통과하고 나서야 비로소 그 쓰임새를 찾게 되었다는 것입니다.

　이 책을 통해 상처를 미화하거나, 고통을 전시하고 싶지 않습니다. 다만, 잿더미 속에서도 한 포기 희망의 싹이 돋아날 수 있다는 것을, 가장 깊은 절망의 끝에서 삶의 가장 소중한 의미를 발견할 수 있다는 것을 나누고 싶었습니다. 내가 겪은 시련은 결코 특별한 것이 아닐지도 모릅니다. 지금 이 순간에도 세상 곳곳에서는 수많은 이들이 저마다의 무게를 감당하며 눈물 흘리고 있을 테니까요.

　만약 당신이 지금 어두운 터널을 지나고 있다면, 그래서 세상에 나 혼자만 남겨진 것 같은 고독감에 힘겨워하고 있다면, 나의 이야기가 작은 등불이 되어 당신의 발밑을 비춰줄 수 있기를 바랍니다. 나의 목소리가 당신에게 "괜찮다, 당신은 결코 혼자가 아니다"라고 말해주는 작은 위로가 될 수 있다면, 내가 겪은 모든 고통은 그것만으로도 충분한 의미를 가집니다.

　내 이야기는 이제 끝이 났지만, 이것이 결코 끝이 아님을 압니다. 나의 사명은 이제 시작이기 때문입니다. 두 아이의 엄마로서, 세상의 목소리를 전하는 언론인으로서, 그리고 상처 입은 이웃들의 손을 잡는 한 명의 생존자로서, 나는 앞으로도 계속해서 나의 길을 걸어갈 것입니다. 넘어지고 상처받겠지만, 다시 일어서서 나아갈 것입니다.

  이 책을 덮는 당신에게 마지막으로 묻고 싶습니다. 당신의 시련은 당신에게 무엇을 가르쳐주었습니까? 당신의 상처는 당신을 어디로 이끌고 있습니까? 부디 당신의 고통이 당신을 가두는 감옥이 아니라, 세상을 향해 나아가는 문이 되기를 바랍니다. 당신의 아픔이, 당신과 비슷한 아픔을 가진 다른 누군가의 마음을 어루만지는 가장 따뜻한 손길이 될 수 있음을 믿으십시오.

  이제, 당신의 목소리로 당신의 이야기를 시작할 차례니까요.

---

* 나의 개인적인 고난과 시련을 이야기하는 과정에서 이름은 직접 거론하지 않았지만, 그들은 실존하는 인물들이며 나뿐만 아니라, 심지어 나에게 상처를 준 이들에게도 피해가 되지 않도록 이 책에 대한 법률 검토도 미리 마쳤음을 알려드립니다.

| 참고 문헌 및 자료 |

이 책을 쓰는 과정은 나 자신을 깊이 들여다보는 여정이자, 나의 개인적인 경험이 어떻게 더 넓은 사회적·심리학적 맥락과 연결되는지를 배우는 과정이었습니다. 여기에 소개하는 문헌과 자료들은 나의 시련을 해석하고, 그 의미를 찾아가는 데 길잡이가 되어준 등대와도 같았습니다. 독자 여러분께서도 이 자료들을 통해 인간의 고통과 회복, 그리고 우리 사회의 문제에 대한 더 깊은 이해에 도달하실 수 있기를 바랍니다.

참고 문헌

심리학 & 정신분석학 (Psychology & Psychoanalysis)

- Bowlby, John. A Secure Base: Parent-Child Attachment and Healthy Human Development. (볼비, 존. 《존 볼비의 안전 기지》).
- Dweck, Carol S. Mindset: The New Psychology of Success. (드웩, 캐럴. 《마인드셋: 성공의 새로운 심리학》).
- Erikson, Erik H. Childhood and Society. (에릭슨, 에릭. 《유년기와 사회》).
- Frankl, Viktor E. Man's Search for Meaning. (프랭클, 빅터. 《죽음의 수용소에서》).
- Freyd, Jennifer J. Betrayal Trauma: The Logic of Forgetting Childhood Abuse. (프리드, 제니퍼. 《배신 트라우마: 아동 학대 망각의 논리》).
- Gottman, John M., and Nan Silver. The Seven Principles for Making Marriage Work. (가트맨, 존, & 실버, 낸. 《행복한 결혼을 위한 7원칙》).
- Herman, Judith Lewis. Trauma and Recovery: The Aftermath of Violence—from Domestic Abuse to Political Terror. (허먼, 주디스. 《트라우마》).
- Miller, Alice. The Drama of the Gifted Child: The Search for the True Self. (밀러, 앨리스. 《천재가 될 수밖에 없었던 아이들의 드라마》).
- Pargament, Kenneth I. The Psychology of Religion and Coping: Theory, Research, Practice. (파가먼트, 케네스. 《종교와 대처의 심리학》).
- Seligman, Martin E. P. Helplessness: On Depression, Development, and Death. (셀리그먼, 마틴. 《학습된 무력감》).
- Walker, Lenore E. A. The Battered Woman. (워커, 레노어. 《매 맞는 여성》).

사회학 & 미디어 이론 (Sociology & Media Theory)

- Bourdieu, Pierre. Outline of a Theory of Practice. (부르디외, 피에르. 《실천이론의 개요》).
- Debord, Guy. The Society of the Spectacle. (드보르, 기. 《스펙타클의 사회》).

- Durkheim, Émile. Suicide: A Study in Sociology. (뒤르켐, 에밀. 《에밀 뒤르켐의 자살론》).
- Goffman, Erving. The Presentation of Self in Everyday Life. (고프먼, 어빙. 《자아 연출의 사회학》).
- Hochschild, Arlie Russell. The Managed Heart: Commercialization of Human Feeling. (혹실드, 앨리 러셀. 《감정노동》).
- Noelle-Neumann, Elisabeth. The Spiral of Silence: Public Opinion – Our Social Skin. (노엘레-노이만, 엘리자베스. 《침묵의 나선》).

참고 링크

자립준비청년 관련 자료 (Data on Youth Leaving Care)

- 보건복지부 - 자립준비청년 지원: 정부의 공식적인 지원 정책과 현황을 포괄적으로 확인할 수 있는 정책정보 페이지입니다.
  https://www.mohw.go.kr/react/policy/index.jsp?PAR_MENU_ID=06&MENU_ID=063501

- 아름다운재단 - '열여덟 어른' 캠페인: 자립준비청년에 대한 사회적 인식 개선과 실질적 지원 사업을 진행하는 대표적인 민간 캠페인 페이지입니다.
  https://beautifulfund.org/eighteen-adult/

- 국가인권위원회 - 발간자료 검색: 해당 웹사이트에서 "자립준비청년"을 검색하시면 관련 실태조사 보고서 원문을 직접 찾아보실 수 있습니다.
  https://www.humanrights.go.kr/base/main/view

가정 폭력 관련 자료 (Data on Domestic Violence)

- 성평등가족부 - 권익증진국: 가정폭력 방지 및 피해자 보호 정책을 총괄하는 부서의 공식 페이지입니다. 관련 통계 및 지원 정책을 확인할 수 있습니다.
  https://www.mogef.go.kr/

- 한국여성의전화 - 가정폭력 피해자 상담, 지원 및 관련 법률과 정책 개선 활동을 하는 대표적인 비영리 단체입니다.
  https://www.hotline.or.kr

저널리즘 & 미디어 윤리 (Journalism & Media Ethics)

- 방송통신심의위원회 - 방송의 공공성 및 윤리성 관련 규정과 최신 심의 사례를 제공하는 공식 웹사이트입니다.
  https://www.kocsc.or.kr

- 한국기자협회 - 윤리강령: 대한민국 기자들이 준수해야 할 공식적인 윤리강령과 실천요강 전문을 확인할 수 있습니다.
  https://www.journalist.or.kr/news/section4.html?p_num=7

꽁꽁 얼어붙은 한강 위로 고양이가 걸어갑니다

초판 1쇄 2025년 12월 11일
초판 3쇄 2026년 1월 12일

지은이 김주하
펴낸이 허연
편집장 유승현

편집부 정혜재 김민보 고병찬 이예슬 장현송 민경연
마케팅 한동우 박소라 김영관
경영지원 김정희 오나리
디자인 김보현 한사랑

펴낸곳 매경출판㈜
등록 2003년 4월 24일(No. 2-3759)
주소 (04557) 서울시 중구 충무로 2 (필동1가) 매일경제 별관 2층 매경출판㈜
홈페이지 mkbook.mk.co.kr **스마트스토어** smartstore.naver.com/mkpublish
페이스북 @maekyungpublishing **인스타그램** @mkpublishing
전화 02)2000-2630(기획편집) 02)2000-2646(마케팅) 02)2000-2606(구입 문의)
팩스 02)2000-2609 **이메일** publish@mkpublish.co.kr
인쇄·제본 ㈜M-print 031)8071-0961
ISBN 979-11-6484-837-9(03810)

ⓒ 김주하 2025

책값은 뒤표지에 있습니다.
파본은 구입하신 서점에서 교환해 드립니다.